Тіні Забутих Предків

МИХАЙЛО КОЦЮБИНСЬКИЙ

Тіні Забутих Предків

повість

***

Іван був дев'ятнадцятою дитиною в гуцульській родині Палійчуків. Двадцятою і останньою була Анничка. Не знати, чи то вічний шум Черемошу і скарги гірських потоків, що сповняли самотню хату на високій кичері, чи сум чорних смерекових лісів лякав дитину, тільки Іван все плакав, кричав по ночах, погано ріс і дивився на неню таким глибоким, старече розумним зором, що мати в тривозі одвертала од нього очі. Не раз вона з ляком думала навіть, що то не від неї дитина.

Не "сокотилася" баба при злогах, не обкурила десь хати, не засвітила свічки — і хитра бісиця встигла обміняти її дитину на своє бісеня. Туго росла дитина, а все ж підростала, і не стямились навіть, як довелося шить їй штани. Але так само була чудна. Дивиться перед себе, а бачить якесь далеке і не відоме нікому або без причини кричить. Гачі на йому спадають, а воно стоїть серед хати, заплющило очі, роззявило рота і верещить.

Тоді мати виймала люльку з зубів і, замахнувшись на нього, люто гукала:

— Ігі на тебе! Ти, обмінінннику. Щез би у озеро та в тріски!..

І він щезав.

Котивсь зеленими царинками, маленький і білий, наче банька кульбаби, безстрашно забирався у темний ліс, де гаджуги кивали над ним галузками, як ведмідь лабами.

Звідси дивився на гори, близькі й далекі верхи, що голубіли на небі, на смерекові чорні ліси з їх синім диханням, на ясну зелень царинок, що, мов дзеркала, блищали в рамах дерев. Під ним, в долині, кипів холодний Черемош. По далеких горбах дрімали на сонці самотні оселі. Було так тихо і сумно, чорні смереки безперестанку спускали сум свій в Черемош, а він ніс його долом й оповідав.

— Іва!.. Мо-ой! — гукали на Івана од хати, але він того не слухав, збирав малини, пукав з листочків, робив свистілку або пищав у травинку, намагаючись вдавати голоси птахів та всі ті згуки, що чув у лісі. Ледве помітний в лісовім зелі, збирав квітки і косичив ними свою кресаню (бриль), а утомившись, лягав десь під сіном, що сохло на островах, і співали йому до сну та й будили його своїм дзвоном гірські потоки.

Коли Іванові минуло сім літ, він вже дивився на світ інакше. Він знав вже багато. Умів знаходити помічне зілля — одален, матриган і підойму, розумів, про що канькає каня, з чого повстала зозуля, і коли оповідав про все те вдома, мати непевно позирала на нього: може, воно до нього говорить? Знав, що на світі панує нечиста сила, що арідник (злий дух) править усім; що в лісах повно лісовиків, які пасуть там свою маржинку: оленів, зайців і серн; що там блукає веселий чугайстир, який зараз просить стрічного в танець та роздирає нявки; що живе в лісі голос сокири. Вище, по безводних далеких недеях нявки розводять свої безконечні танки, а по скелях ховається щезник.

Міг би розказати і про русалок, що гарної днини виходять з води на берег, щоб співати пісень, вигадують байки і молитви, про потопельників, які по заході сонця сушать бліде тіло своє на каменях в річці. Всякі злі духи заповнюють скелі, ліси, провалля, хати й загороди та чигають на християнина або на маржину, щоб зробити їм шкоду. Не раз, прокинувшись уночі, серед ворожої тиші, він тремтів, сповнений жахом.

Весь світ був як казка, повна чудес, таємнича, цікава й страшна.

Тепер він вже мав обов'язки — його посилали пасти корови. Гнав в ліс своїх жовтаню та голубаню, і коли вони потопали в хвилях лісових трав та молодих смеречок і вже звідти обзивались до нього, як з-під води, тужливим дзвоном своїх дзвінків, він сідав десь на узбіччі гори, виймав денцівку (сопілку) і вигравав немудрі пісні, яких навчився од старших. Однак та музика не вдовольняла його. З досадою кидав денцівку і слухав інших мелодій, що жили в ньому, неясні і невловимі.

Знизу підіймавсь до Івана і затоплював гори глухий гомін ріки, а в нього капав од часу до часу прозорий дзвін колокільця. З-за галузки смереки виглядали зажурені гори, напоєні сумом тіней од хмар, що все стирали бліду усмішку царинок. Гори щохвилини міняли свій настрій: коли сміялась царинка, хмурився ліс. І як трудно було вдивитись в те рухливе обличчя гір, так трудно було дитині спіймати химерну мелодію пісні, що вилась, тріпала крильцями коло самого вуха і не давалась.

Одного разу він покинув свої корови і подряпавсь на самий грунь. Ледве помітною стежкою підіймавсь вище і вище, поміж густі зарослі блідої папороті, колючої ожини й малини. Легко перескакував з камінця на камінчик, перелазив через повалені дерева, продирався крізь гіллячки кущів. За ним підіймався з долини вічний шум річки, росли гори, і вже вставав на крайнебі блакитний привид Чорногори.

Довгі плакучі трави крили тепер боки гори, дзвінки корів обзивались, як далеке зітхання, все частіше попадалось велике каміння, що далі, на самім вершку, творило хаос поламаних скель, списаних лишаями, здушених у гадючих обіймах корінням смерек. Під ногами в Івана кожний камінь вкривали рудаві мхи, грубі, м'які, шовкові. Теплі і ніжні, вони ховали у собі позолочену сонцем воду літніх дощів, м'яко вгинались і обіймали ногу, як пухова подушка. Кучерява зелень гогозів і афин запустила своє коріння у глибінь моху, а зверху сипнула росою червоних та синіх ягід.

Ніжно дзвеніла над ним хвоя смерек, змішавшись з шумом ріки, сонце налляло злотом глибоку долину, зазеленило трави, десь курився синій димок од ватри, з-за Ігриця оксамитовим гулом котився грім.

Іван сидів і слухав, забувши зовсім, що має доглядати корови.

І ось раптом в сій дзвінкій тиші почув він тиху музику, яка так довго і невловимо вилась круг його вуха, що навіть справляла муку!

Застиглий і нерухомий, витягнув шию і з радісним напруженням ловив дивну мелодію пісні. Так люди не грали, він принаймні ніколи не чув. Але хто грав? Навкруги була пустка, самотній ліс і не видно було живої душі. Іван озирнувся назад, на скелі,— і скаменів. На камені, верхи, сидів "той", щезник, скривив гостру борідку, нагнув ріжки і, заплющивши очі, дув у флояру. "Нема моїх кіз… Нема моїх кіз…" — розливалась жалем флояра. Та ось ріжки піднялись вгору, щоки надулись і розплющились очі. "Є мої кози… Є мої кози…" — заскакали радісно згуки, і Іван з жахом побачив, як, виткнувшись з-за галузок, затрясли головами бородаті цапи.

Він хтів тікати — й не міг. Сидів прикутий на місці і німо кричав од холодного жаху, а коли врешті видобув голос, щезник звинувся і пропав раптом у скелі, а цапи обернулись в коріння дерев, повалених вітром.

Іван гнав тепер вниз, без тями, наосліп, рвав зрадливі обійми ожин, ламав сухі гіллячки, котився по слизьких мхах і з жахом чув, що за ним щось женеться. Нарешті впав. Скільки лежав, не пам'ятає.

Прийшовши до себе і вздрівши знайомі місця, він заспокоївся трохи. Здивований, наслухав якийсь час. Пісня, здавалось, бриніла вже в ньому. Він вийняв денцівку. Зразу йому не йшло, мелодія не давалась. Починав грати спочатку, напружував пам'ять, ловив якісь згуки, і коли врешті знайшов, що віддавна шукав, що не давало йому спокою, і лісом поплила чудна, не відома ще пісня, радість вступила у його серце, залляла сонцем гори, ліс і траву, заклекотіла в потоках, підняла ноги в Івана, і він, пожбурнувши денцівку в траву та взявшись у боки закружився в танці. Перебирав ногами, ставав легко на пальці бив босими п'ятами в землю, щібав голубці, крутився і присідав. "Є мої кози... Є мої кози..."— щось співало у ньому. На сонячній плямі полянки, що закралась в похмуре царство смерек, скакав біленький хлопчик, немов метелик пурхав зі стебла на стеблину, а обидві корови — жовтаня і голубаня, просунувши голови межи галузки, привітно дивились на нього, жуючи жуйку, та зрідка дзвонили йому до танцю.

Так знайшов він у лісі те, чого шукав.

Вдома, в родині, Іван часто був свідком неспокою і горя. За його пам'яті вже двічі коло їх хати трембітала трембіта оповіщаючи горам і долам про смерть: раз, коли брата Олексу роздушило дерево в лісі, а вдруге, коли браччік Василь, файний веселий легінь, загинув у бійці з ворожим родом, посічений топірцями. Се була стара ворожнеча між їхнім родом і родом Гутенюків. Хоч всі в родині кипіли злістю й завзяттям на той диявольський рід, але ніхто не міг докладно розказати Іванові, звідки пішла ворожнеча. Він теж горів бажанням помститись і хапавсь за татову бартку, важку ще для нього, готовий кинутись в бій.

То байка, що Іван був дев'ятнадцятий в батька, а Анничка двадцята, їхня родина була невелика: старині двоє та п'ятеро дітей.

Решта п'ятнадцять спочило на цвинтарі біля церковці.

Всі вони були богомільні, любили ходити до церкви, і особливо на храм. Там можна побачитись було з далеким родом, що осівся по околишніх селах, та й траплялась нагода оддячить Гутенюкам за смерть Василеву та за ту кров, що не раз чюрила з Палійчуків.

Витягалось найкраще лудіння (одежа), нові крашениці, писані кептарі, череси і табівки, багато набивані цвяхом, дротяні запаски, черлені хустки шовкові і навіть пишна та білосніжна гугля, яку мати обережно несла на ціпку через плече. Іван теж дістав нову кресаню і довгу дзьобню, що била його по ногах. Сідлались коні, і суточками зеленим верхом ішов пишний похід та закосичував плай гейби червоним маком. По горах, долами й верхами, тяглися святочно прибрані люди. Зелена отава царинок розцвіталася раптом, вздовж Черемошу плив різнобарвний потік, а десь високо, на чорному запиналі смерекових лісів, жаром горів під ранішнім сонцем червоний дашок гуцульського парасоля.

Незабаром Іван побачив стрічу ворожих родів.

Вони вже вертали з храму, тато був трохи напитий. Раптом на вузенькій дорозі, між скелею і Черемошем, зробився тиск. Вози, кінні і піші, чоловіки й жінки — спинились і збились в купу. В лютому гвалті, що звіявсь одразу, як вихор, невідомо од чого, заблищали залізні бартки та заскакали перед самим обличчям. Як кремінь і криця, стялись роди — Гутенюки з Палійчуками, і перше ніж Іван встиг розібрати, про що їм йдеться, тато розмахнув бартку і вдарив плазом комусь по чолі, з якого бризнула кров, залляла лице, сорочку та пишний кептар. Йойкнула челядь, кинулась одтягати, а вже людина з лицем червоним, як його гачі, тяла барткою ворога в голову, і похитнувся Іванів тато, як підтята смерека. Іван кинувся в бійку.

Не пам'ятав, що робить. Щось підняло його. Але дорослі потолочили йому ноги, і він не міг протиснутись туди, де бились. Все ще гарячий, роз'юшений злістю, він наскочив з розгону на маленьке дівча, що тряслось з жаху біля самого воза. Ага! Се, певно, Гутенюкова дівка! І, не думавши довго, ударив її в лице. Вона скривилась, притулила руками до грудей сорочку і почала тікати. Іван зловив її коло ріки, шарпнув за пазуху і роздер. Звідти впали на землю нові кісники, а дівчинка з криком кинулась їх захищати. Але він видер і кинув у воду.

Тоді дівчинка, зігнута вся, подивилась на нього спідлоба якимсь глибоким зором чорних матових очей і спокійно сказала:

— Нічьо… В мене є другі… май ліпші.

Вона наче його потішала.

Здивований лагідним тоном, хлопець мовчав.

— Мені неня купила нову запаску… і постоли… і мережані капчурі… і…

Він все ще не знав, що сказати.

— Я си обую файно та й буду дівка…

Тоді йому заздрісно стало.

— А я вже вмію грати в денцівку.

— Наш Федір зробив си таку файну флояру… та й як зайграє…

Іван надувся.

— Я вже щезника бачив.

Вона неймовірно подивилась на нього.

— А нащо ж ти б'єш си?

— А ти нашо коло воза стояла?

Вона подумала трохи, не знаючи, що одповісти, і почала шукать щось за пазухою.

Витягла врешті довгий цукерок.

— Ади!

Половину вкусила, а другу поважним, повним довір'я рухом подала йому.

— На!

Він завагався, але узяв.

Тепер вони вже сиділи рядочком, забувши про вереск бійки й сердитий шум річки, а вона оповідала йому, що зветься Марічка, що пасе вже дроб'єта (вівці), що якась Марцинова — сліпа на одно око — покрала у них муку… і таке інше, обом цікаве, близьке і зрозуміле, а погляд її чорних матових очей м'яко поринав у Іванове серце…

І втретє затрембітала трембіта про смерть в самотній хаті на високій кичері: другого дня по бійці помер старий Палійчук.

Тяжкі часи настали в родині Івана по смерті газди. Загніздилось безладдя, спливали гаразди, продавались царинки одна по одній, і маржина десь танула так, як по горах весною сніги.

Але в Івановій пам'яті татова смерть не так довго жила, як знайомість з дівчам, що, скривджене ним безневинно, повним довір'я рухом подало йому половину цукерка. В його давній і безпричинний смуток влилась нова течійка. Вона несвідомо тягла його в гори, носила по сусідніх кичерах, лісах і долинах, де б він міг стріти Марічку. І він стрівся нарешті з нею: пасла ягнята.

Марічка його прийняла, як би давно сподівалась: він буде з нею пасти овечки. А й справді! Нехай жовтаня та голубаня для себе б'ють в колокільці та вирікують в лісі, а він йме пасти її ягнята.

І як вони пасли!

Білі ярки, збившись у холодок під смереку, дивились дурними очима, як качались по мхах двоє дітей, дзвонячи в тиші молодим сміхом. Втомившись, вони забирались на біле каміння і лячно зазирали звідти у прірву, з якої стрімко підіймався у небо чорний привид гори і дихав синню, що не хтіла тануть на сонці. В щілині поміж горами летів в долину потік і тряс по камінню сивою бородою.

Так було тепло, самотньо і лячно у віковічній тиші, яку беріг ліс, що діти чули власне дихання. Але вухо уперто ловило і побільшало до найбільших розмірів усякий згук, що мусив жить в лісі, і їм часом здавалось, що вони чують чийсь хід потайний, глухе гупання барди, хекання втомлених грудей.

— Чуєш, Іва? — шепотіла Марічка.

— Чому б не мав чути? А чую.

Вони обоє знали, що то бродить по лісі невидима сокира, гупа об дерева і хека з втомлених грудей.

Ляк проганяв їх звідти в долину, де потік плив спокійніше. Вони робили собі курбало у потоці, глибоке місце, і, роздягнувшись, бовтались в нім, як двоє лісних звірят, що не знають, що таке сором. Сонце спочивало на їх яснім волоссі і било в очі, а льодова вода потоку щипала тіло.

Марічка перша змерзала і пускалася бігти.

— Стій,— гукав на неї Іван,— звідки ти?

— З Я-вор-рова,— цокотіла зубами синя Марічка.

— А чия ти?

— Ковальова.

— Бувай здорова, Ковальова! — щипав її Іван і пускавсь доганяти, аж поки потомлені, але загріті, не падали на траву.

В тихім плесі потічка, над яким горів царівник сонячним світом та синів лабуштан низкою черевичків, жалібно кумкали жаби.

Іван нахилявся понад потоком і питав жабу:

— Кума-кума, шо-с варила?

— Бурак — борщ. Бурак — борщ. Бурак — борщ…— кректала Марічка…

— Бураки-ки-ки!.. Бураки-ки-ки! Бураки-ки-ки! — верещали обоє, заплющивши очі, аж жаби здивовано мовкли.

І так вони пасли, що не раз розгубили овечки. Коли вони старшими стали, забави були вже інші. Тепер Іван був уже легінь, стрункий і міцний, як смерічка, мастив кучері маслом, носив широкий черес і пишну кресаню. Марічка теж вже ходила у заплітках, а се значити мало, що вона вже готова й віддатись. Не пасли більше вкупі ягнята і стрічались лиш в свято або в неділю. Сходились коло церкви або десь в лісі, щоб стариня не знала, як кохаються діти ворожих родів. Марічка любила, коли він грав на флояру. Задуманий все, встромляв очі кудись поза гори, неначе видів, чого не бачили другі, прикладав мережану дудку до повних уст, і чудна пісня, якої ніхто не грав, тихо спадала на зелену отаву царинок, де вигідно послали свої тіні смереки. Холодно було і мороз йшов поза шкуру, коли вилітали перші свистячі згуки. Наче зими лежали по мертвих горах. Та ось з-за гори встає вже бог-сонце і вкладає свою голову в землю. Зрушились зими, збудились води, і задзвеніла земля од співу потоків. Розсипалось сонце пилом квіток, легким ходом ідуть по царинках нявки, а під ногами у них зеленіє перша трава. Зеленим духом дихнули смереки, зеленим сміхом засміялися трави, на всьому світі тільки дві барви: в зеленій — земля, в блакитній — небо…

А долом Черемош мчить, жене зелену кров гір, неспокійну й шумливу… Трембіта!.. Туру-рай-ра… Туру-рай-ра…

Заграло серце у вівчарів, заблеяли вівці, учувши пашу… Шумить шваром полонина холодна, а з диких ломів, з гайна, встає на задні лаби ведмідь, пробує голос і вже бачить заспаним оком свою поживу. Б'ють плови весняні, ричать громом гірські верхи — і дух злого холодом віє од Чорногори... а тут раптом з'являється сонце — праве боже лице — і вже дзвонить у коси, що кладуть сіно в поліг. З гори на гору, з поточка в поточок пурха коломийка, така легенька, прозора, що чуєш, як од неї за плечима тріпають крильця...

Он прибігла з полонинки
Білая овечка —
Люблю тебе, файна любко,
Та й твої словечка...

Тихо дзвонить хвоя смерек, тихо шепчуть ліси холодні сни літньої ночі, плачуть дзвінки коров, і гори безперестанку спускають сум свій в потоки. З лускотом й зойком летить десь в долину зрубане дерево у лісі, аж гори одвітно зітхають,— і знову плаче трембіта. Тепер вже на смерть...

Спочив хтось навіки по тяжкій праці. Закувала зозуленька та й коло Менчила... от тепер вже співаночка комусь си скінчила...

Марічка обзивалась на гру флояри, як самичка до дикого голуба,— співанками. Вона їх знала безліч. Звідки вони з'являлись — не могла б розказати. Вони, здається, гойдалися з нею ще в колисці, хлюпались у купелі, родились у її грудях, як сходять квітки самосійні по сіножатях, як смереки ростуть в горах. На що б око не впало, що б не сталось на світі: чи пропала овечка, полюбив легінь, зрадила дівка, заслабла корова, зашуміла смерека — все виливалось у пісню, легку і просту, як ті гори в їх давнім, первіснім житті.

Марічка і сама вміла складати пісні. Сидячи на землі, поруч з Іваном, вона обіймала свої коліна і потиху гойдалася в такт. Її круглі литки, опалені сонцем і од коліна голі до червоних онучів, чорніли під полою сорочки, а повні губи мило ламались, коли вона починала:

Зозулька ми закувала
сива та маленька.
На все село іскладена
пісенька новенька...

Маріччина пісня оповідала всім добре знайому подію, ще свіжу: як зчарувала Андрія Параска, як він вмирав од того та навчав не любити чужі молодиці. Або про горе матері, якої син загинув у лісі, придушений деревом. Пісні були сумні, прості і ревні, аж краяли серце. Вона їх звичайно кінчала:

Ой кувала ми зозулька
та й коло потічка.
А хто ісклав співаночку?
Йванкова Марічка.

Вона давно вже була Іванкова, ще з тринадцяти літ. Що ж в тому дивного було? Пасучи вівці, бачила часто, як цап перчить козу або баран валує вівці,— все було так просто, природно, відколи світ світом, що жадна нечиста думка не засмітила їй серця. Правда, кози та вівці стають од того кітні, але людям помагає ворожка. Марічка не боялась нічого. За поясом, на голім тілі, вона носила часник, над яким пошептала ворожка, їй ніщо тепер не зашкодить. На згадку про се Марічка лукаво осміхалась до себе і обіймала Івана за шию:

— Любчику Іванку! Ци будемо в парі усе?

— Єк бог даст, моє солодашко.

— Ой ні! Велику пізьму має у серці стариня наша. Не набутися нам.

Тоді його очі темніли і груз топірець в землю.

— Я не требую їхнею згодою. Хай що хотє роб'є, а ти будеш моєю.

— Ой мой-мой! Шо ти говориш…

— Шо чуєш, душко.

І наче на зліість старині він на танцях вимахував дівкою так, що аж постоли розсідались.

Однак не все так складалось, як думав Іван. Газдівство його руйнувалось, вже не було коло чого усім робити і треба було йти в найми.

Жура гризла Івана.

— Мушу йти в полонину, Марічко,— сумував він заздалегідь.

— Шо ж, йди, Іванку,— покірно обзивалась Марічка.— Така нам доля судилась…

І вона співанками косичила їх розлучення, їй було жалко, що надовго перервуться їхні стрічі в тихому лісі. Обіймала за шию Івана та, тулячи до його лиця біляву головку, стиха співала йому над вухом:

Ізгадай мні, мій миленький,
Два рази на днину,
А я тебе ізгадаю
Сім раз на годину.

— Ізгадаєш?

— Ізгадаю, Марічко.

— Нічьо! — потішала вона його.— Ти меш, сарако, вівчарити, я му сіно робити. Вилізу на копицю та й си подивлю в гори на полонинку, а ти мені затрембітай… Може, почую. Як будуть мряки сідати на гори, я сяду та й си заплачу, що не видно, де пробуває милий. А як в погожу нічку зазоріє небо, я му дивитись, котра зірка над полонинков — тоту бачить Іванко…

Тільки співати залишу…

17

— Чьому? Співай, Марічко, не втрачай веселості свої, я си хутко поверну.

Але вона тільки сумно головою хитала.

Співаночки мої милі,
Де я вас подію?
Хіба я вас, співаночки,
Горами посію,
— стиха обізвалась до нього Марічка.

Гой ви мете, співаночки,
Горами співати,
Я си буду, молоденька,
Сльозами вмивати.

Марічка зітхнула і ще сумніше додала:
Ой як буде добра доля,
Я вас позбираю,
А як буде лиха доля,
Я вас занехаю…

— Отак і мені… Може, і занехаю…

Іван слухав тоненький дівочий голос і думав, що вона давно вже засіяла гори співанками своїми, що їх співають ліси й сіножаті, груні й полонини, дзвонять потоки і виспівує сонце… Але прийде пора, він поверне до неї, і вона знов позбирає співанки, щоб було одбуть чим весілля…

***

Теплим весняним ранком Іван ішов в полонину.

Ліси ще дихали холодками, гірські води шуміли на скоках, а плай радісно підіймався угору поміж воринням. Хоч йому тяжко було покидати Марічку, а проте сонце і та шумлива зелена воля, що підпирала верхами небо, вливали в нього бадьорість. Він легко стрибав з каменя на камінь, наче гірський потік, і вітав стрічних, аби тільки почути свій голос:

— Слава Ісусу!

— Навіки слава.

По далеких горбах самотіли тихі гуцульські оседки, вишневі од смерекового диму, яким прокурились, гострі дашки оборогів з запашним сіном, а в долині кучерявий Черемош сердито поблискував сивиною та світив попід скелі недобрим зеленим вогнем. Переходячи потік за потоком, минаючи хмурі ліси, де озивалась часом дзвінком корова або білиця сипала вниз під смереку об'їдки шишок, Іван підіймався все вище. Сонце починало пекти, і кам'яниста доріжка мулила ноги. Тепер вже хати попадалися рідше. Черемош простягся в долині, як срібна нитка, і шум його сюди не доходив. Ліси уступали місце гірським сіножатям, м'яким і повним. Іван брів серед них, як по озерах квіток, нагинаючись часом, щоб закосичить кресаню жмутком червоної грані або блідим вінком невістульки. Вниз западалися боки гори у глибокі чорні ізвори, звідки родились холодні потоки, куди не ступала людська нога, де плекався тільки бурий ведмідь, страшний ворог маржини — "вуйко". Вода попадалася рідше. Зате як припадав він до неї, коли знаходив потік, той холодний кришталь, що омивав десь жовті корні смерек і аж сюди приносив гомін лісів! Коло такого поточка якась добра душа лишала горнятко або коновочку гуслянки.

А стежка вела все далі, кудись у ломи, де гнили одна на одній голі колючі смереки, без кори й хвої, як кістяки. Пусто і дико було на тих лісових кладовищах, забутих богом й людьми, де лиш готури гутіли та вились гадюки. Тут була тиша, великий спокій природи, строгість і сум. За плечима в Івана росли вже гори і голубіли удалині. Орел здіймався з кам'яних шпиць, благословляючи їх широким розмахом крил, чулось холодне полонинське дихання, і розросталось небо.

Замість лісів тепер слався землею жереп, чорний килим повзучих смерек, в якому плутались ноги, і мхи одягали камінь зеленим шовком. Далекі гори одкривали один за одним свої верхи, вигинали хребти, вставали, як хвилі в синьому морі. Здавалось, морські буруни застигли саме в ту мить, коли буря підняла їх з дна, щоб кинуть на землю та заллять світ. Вже синіми хмарами підпирали край-небо буковинські верхи, оповились блакиттю близькі Синиці, Дземброня і Біла Кобила, курився Ігрець, колола небо гострим шпилем Говерля, і Чорногора важким своїм тілом давила землю.

Полонина! Він вже стояв на ній, на сій високій луці, вкритій густою травою. Блакитне море збурених гір обляло Івана широким колом, і здавалось, що ті безконечні сині вали таки ідуть на нього, готові впасти до ніг.

Вітер, гострий, як наточена бартка, бив йому в груди, його дихання в одно зливалось із диханням гір, і гордість обняла Іванову душу. Він хотів крикнуть на всі легені, щоб луна покотилась з гори на гору, аж до крайнеба, щоб захитати море верхів, але раптом почув, що його голос пропав би у сих просторах, як комариний писк… Треба було спішити.

За горбком, у долинці, де вітер не так дошкуляв, він знайшов стаю, закопчену димом. Діра у стінці для диму чорніла холодним отвором. Загороди на вівці стояли порожні, і вівчарі порались там, щоб було де ночувати при вівцях. Ватаг занятий був добуванням живого вогню.

Заклавши в одвірки скалку, двоє людей перетягали ремінь, від чого скалка крутилась й скрипіла.

— Слава Ісусу! — привітався Іван.

Але йому нічого не одповіли.

Так само фуркала скалка, і двоє людей, скуплені й строгі, тим самим рухом перетягали ремінь. Скалка починала куритись, і скоро маленький вогник вискочив з неї та запалав з обох кінців. Ватаг побожно підняв вогонь і встромив в ватру, зложену коло дверей.

— Навіки слава! — обернувся він до Івана.— Тепер маєм живий вогонь, а докиме він горіти, ні звір, ні сила нечиста не озьмеся маржини та й нас, ирщених...

І завів Івана до стаї, де од порожніх бербениць, путин та голих лавиць йшов запах пустки.

— Завтра приженуть нам худібку, коли б допоміг пан-біг усю людям віддати,— обізвавсь ватаг і розповів, що Іван має робити.

Щось було спокійне, навіть величне в мові та в рухах полонинського газди.

— Мико!.. — гукнув він у двері.— А розклади борше ватру у стаї...

Тонкий кучерявий Микола, з повним жіночим обличчям, вніс в стаю вогонь.

— Ти ж хто, браччіку, будеш — вівчар? — зацікавивсь Іван.

— Ні, я спузар,— одкрив зуби Микола,— маю пильнувать ватри, аби не згасла через все літо, то була б біда!..— Він навіть з жахом озирнувся навколо.— Та й піти до потоку води, та й у ліс дров...

Тим часом ватра розгоралась на полонині. Повним поваги рухом, як давній жрець, підкидав ватаг до неї сухі смереки та свіжу хвою, і синій дим легко здіймався над нею, а далі, кинутий вітром, зачеплявся за гори, перетинав чорну смугу лісів та стелився по далеких блакитних верхах.

Полонина починала своє життя живим невгасимим вогнем, що мав її боронити од всього лихого. І, наче знаючи се, вогонь вивсь гордо своїм гадючим тілом та дихав усе новими клубами диму.

Чотири сильних вівчарки, поклавши в траву свої кожухи, дивились задумливо в гори, готові в одну хвилину скочить на ноги, показать зуби та наїжити шерсть.

День уже гас. Гори міняли своє блакитне убрання на рожеві з золотом ризи. Микола кликав вечерять. Тоді зійшлись до стаї всі вівчарі і сіли біля живого вогню, щоб в мирності з'їсти свою першу полонинську кулешу…

***

Яка ж тота полонинка повесні весела, як овечки у ню ідуть із кожного села!.. Високий ватаг, наче дух полонини, обходить з вогнем стоїще. Обличчя в нього поважне, як у жерця, ноги ступають твердо й широко, а дим з головешки фурка за ним крилатим змієм. На воротях стоїща, куди мають переходити вівці, ватаг кида вогонь, а сам наслухає. Він чує хід полонинський не тільки вухом. Він серцем чує, як з глибоких долин, де киплять ріки та рвуть береги, з тихих осель і царинок котиться вгору, на поклик весни, жива хвиля худібки, і під ногами її радо зітхає земля. Він чує далеке дихання отари, ричання корів і ледве вловимий голос пісень. А коли врешті показалися люди і підняли угору довгі трембіти, позолочені сонцем, щоб привітать полонину серед синіх верхів, коли заблеяли вівці і шумливим потоком залляли всі загороди, ватаг впав на коліна та підняв руки до неба. За ним схилились до молитви вівчарі й люди, що пригнали маржину.

Вони прохали у бога, щоб вівця мала гаряче серце, як гарячий вогонь, який переступала, щоб господь милосердний заступив християнську худібку на росах, на водах, на всіх переходах од всякого лиха, звіра й припадку. Як допоміг бог зібрати худібку докупи, щоб так допоміг усю людям віддати…

Ласкаво слухало небо простосердечну молитву, добродушно хмурився Бескид, а вітер, пролітаючи далі, старанно вичісував трави на полонині, як мати дитячу головку…

**

Полонинко, верховинко, чимєсь так згорділа, чи не тими овечками, щось тільки уздріла?

— Гісь! Гісь! — підганяє ззаду вівчар. Вівці ліниво згинають коліна, тремтять на тонких ніжках і трусять вовну.— Гісь! Гісь!..— Голі морди, з старечим виразом зануди, одкривають слиняві губи, щоб поскаржитись бозна-кому. "Бе-е… Ме-е…" Два вівчарі ведуть перед.

Червоні гачі мірно розтинають повітря, од руху киває на ході за кресанею квітка.— Бир-бир!..— Вівчарки нюхають вітер і одним оком скоса поглядають на вівці, чи все в порядку. Треться вовна об вовну, біла об чорну, хвилюють пухнаті хребти, як дрібні в озері хвилі, і драгліє отара.— Птруа… птруа!..— Горляний поклик все навертає крайніх в отару, тримає повідь у берегах. Гори голубіють навколо, як море, вітер громадить на небі хмари. Тремтять кучеряві овечі хвости, а голови всі нахилились, і білі плескаті зуби вигризають у корінь солодку бриндушу, храбуст або рожевий горішок.— Бир! Бир!..-

Стелить отарі під ноги полонина свій килим, а вона накриває її рухомим рябим кожухом. Хрум-хрусь… Бе-е… Ме-е!.. Хрусь-хрусь…

Тіні од хмар бродять по ближчих горбах, пересувають їх з місця на місце. Ходять, здається, гори, як вали в морі, і тільки далекі непорушно голубіють на місці. Сонце залляло овечу вовну, розклавшись веселкою в ній, запалило трави зеленим вогнем, за вівчарями ідуть довгі їх тіні.— Птруа… Птруа!..— Хрум-хрусь… хрусь— хрусь… Нечутно ступають пастухи в постолах, котиться м'яко вовниста хвиля по полонині, а вітер почина грати на далекім воринні.

Дз-з…— тонко співає він в одколоту скалку, докучно бринить, як муха.

Дз-з…— обзивається грубо друге вориння, наводячи сум. Хмари все прибувають. Вони вже закрили півнеба, гасне далекий Бескид, і чорніє, і похмурніє в тінях, немов удівець, а полонина ще молодіє. І питається вітер тонко в воринні: "Чому ти ся бай не жениш, високий Бескиде?" — "Бо зелена полонинка за мене не піде",— сумно зітхає Бескид. Блакитне небо замазалось сірим, море гір потемніло, полонина погасла, і отара овець повзе по ній, як сірий лишай.

Холодний вітер розправля крила і б'є ними у груди попід кептар. Так трудно дихать, що хочеться обернутись до нього спиною. Хай б'є…

Тонко заводить вориння, як муха в тенетах, скиглить біль нестерпучий, плаче самотній сум… Дз-з… дзи-и… Невгавуче, безперестанку. Висотує жили і крає ножем по серці. Хтів би не слухать, але не можна, хтів би втекти — та де? — Гісь-гісь!.. А ти куди?.. Шляг би ті трафив! Бир-бир!.. Мурко!..— Але Мурко вже навертає. Обганяє вівцю, вітер настовбурчив на ньому шерсть, а він зловив вже зубами за карк вівцю і кинув в отару. Дз-зи-и… Дз зі-і… Так зуби болять одноманітним і нестерпучим болем. Зціпив би зуби й замовк. Боли. Дзичи, пек ті та цур! Що воно плаче? Віддай, се "той", бодай скаменів!.. Отак, здається, впав би на землю, безсилий, затулив вуха руками та би заплакав… Бо вже не годен… Дз-зи-и… Дзі-у-у!.. Йой!..

Іван виймає флояру і дме у неї що має сили, але "той", навіжений, сильніший за нього. Летить од Чорногори, як розгнузданий кінь, б'є копитами трави і розмечує гривою згуки флояри. А Чорногора, мов відьма, блима за ним більмом — сніговим полем з-під чорних розпатланих кіс, і лякає.

Дзи-и… Дзі-у-у!..

Закотилися вівці в долинку, і тут тихіше.

На сірому небі показалось блакитне озерце. Остра полонинська трава сильніше запахла. Озерце в небі виступа з берегів і вже широко розлило води. Заголубіли знову верхи, а всі долини налились золотом сонця.

Іван дивиться вниз. Там десь, між горами, де люди, по зеленій отаві походжають білі ноги Марічки. Її очі звернені десь на полонину.

Чи співає свої співанки? А може, справді порозсівала по горах, вони зійшли квітами, а Марічка замовкла?

Он як будуть вівчарики
Білі вівці пасти,
Будуть мої співаночки
За кресаню класти…

— згадується йому милий дівочий голос, і він зриває квітку та закосичує нею кресаню.

— Птруа… птруа…— Сонце пече. Робиться душно. Котяться вівці, пирхають на бігу, кривлять старечі губи, щоб краще стяти зубами солодкий храбуст, та лишають по собі свіжі бабельки. Хрусь-хрусь… хрум-хрум… Треться вовна об вовну, біла об чорну, хвилюють хребти, як в озері хвильки… Бе-е… Ме-е.., а собаки усе тримають отару у берегах.

Потомились вівчарки. Лягають і носять боками в траві. На довгий червоний язик, що звиса між іклами, сідають мухи.

— Бир-бир! — сердито гукає Іван, і вже собаки при вівцях. Далеко, на полонині, під густим лісом, пасуться корови. Бовгар сперся в задумі на довгу трембіту. Так поволі тягнеться час. Гірське повітря прополоскало груди, хочеться їсти. І як самотньо! Стоїш тут маленький, як бадилина у полі. Під ногами зелений острів, що його обливають блакитні води далеких гір. А там, по суворих диких верхах, десь у безводах, в безслихах, гніздиться всяка мара, ворожа сила, з якою тяжко боротись. Лиш одно — сокотися...

Гісь-гісь! Трусяться вівці зеленим полем, м'яко ступають по траві постоли... Тиша така, що чутно, як кров тече в жилах. Сон налягає. Кладе м'якеньку лапу на очі, на лице і шепче до вуха: спи... Вівці тануть перед очима... от вже з овець стали ягнята, а от нічого нема.

Поплили трави, як зелена вода. Приходить Марічка. Ой не обдуриш, небого, ой ні... Іван знає, що то лісна, а не Марічка, що то вона надить його. Щось тягне його за нею! Не хоче, а вже пливе, як пливуть трави зеленим потоком...

І раптом дике передсмертне ревіння корови викидає його зі сну. Що? Де? Бовгар як стояв, опершись трембітою в землю, так і застиг. Рудий бугай вдарив ногами в землю, зігнув воласту шию і підняв хвіст. Він вже мчить на той крик, високо скаче і рве ногами траву. Ріже ногами повітря. Бовгар стрепенувся і поспішає за ним до лісу.

Бахнув у лісі стріл. Бах-бах-бах...— загриміли з рушниць верхи. Бах— бах-бах...— озвались дальші, і все німіє. Тиша.

"Певно, "вуйко" зарізав корову",— дума Іван і пильніше оглядає свою отару.

— Птруа-птруа…— Сонце наче заснуло, вітер затих і перенісся з землі на небо. Він вже громадить там хмари, таке саме збурене море верхів, яке бачив круг полонини. В безконечних просторах загинув час, і не знати, чи день стоїть, чи минає…

Раптом до вуха долітає давно жданий поклик трембіти. Він приносить од стаї запах кулеші та диму і довгим мелодійним тремтінням оповідає, що кошари чекають на вівці…

— Гісь-гісь…— Мечуться пси, блеють овечки і ллються перистим потоком в долину, трясучи вим'ям, обважнілим од молока…

***

Вже третю добу сіє на полонині дрібний мачкатий дощик. Закурились верхи, закуталось небо, і в сірій мряці пропали гори. Вівці ледве ходили, важкі, повні водою, як губка; одежа на вівчарях стала холодна й цупка. Тільки й спочинку було, що під дашком у струнці під час доїння.

Іван сидить, опершись плечима в дошку, а ногами стискає дійницю. Біля нього — чорний пелехатий козар, що за кожним словом клене, а там ще вівчарі. Нетерплячі дроб'єта, яким прибува молоко, пруться з загороди у струнку, щоб їх швидше здоїли. Але ж бо почекайте, сараки, бо так не йде… Лиш по одній…

— Рист! — сердито кидає ззаду гонінник в овечий лемент та хльоска мокрим прутом.— Рист! Рист!..— підбадьорюють вівчарі та одхиляють коліна од дірки, кудою скаче у струнку вівця.— А! Бодай бис…— клене козар і не кінчає: ану скажеш в таку годину!

Навиклим рухом Іван хапа вівцю за хребет і тягне до себе задом понад широку дійницю. Покірно стоїть вівця, невигідно розчепіривши ноги, така дурна, і слуха, як дзюрить з неї молоко у дійницю.— Рист! — хльоска ззаду гонінник.— Рист! Рист! — покликують і собі вівчарі.

Здоєні вівці, немов стуманілі, падають в загороді на камінь, кладуть голову на лапки і кривлять голі старечі губи.— Рист! Рист!..— Іванові руки безперестанку мнуть тепле овече вим'я, одтягають дійки, а по руках в нього тече молоко, що пахне лоєм і підіймає з дійниці масну солодку пару.— Рист! Рист! — Вскакують вівці, як очманілі, розчепірюють над дійницями ноги, і десять вівчарських рук мнуть тепле вим'я. Жалібно плаче мокра отара по сей і той бік струнки, падають в загороду знесилені вівці, а густе молоко дзвінко дзюрчить в дійницю та затікає теплим струмочком, аж на рукав.— Рист! Рист!..

Козар сміється очима до своїх кіз. Вони не те, що овечки, в них гостре серце. Не падають трупом, як плохі вівці, а твердо стоять на тоненьких ногах. Цікаво підняли ріжки і дивляться в мряку, наче крізь неї щось бачать, і так бадьоро трясуться у них тоненькі борідки…

***

Опустіли кошари. Тиша і пустка. Може, там десь, в глибоких долинах, звідки гори починають рости, і лунають сміх людський та голоси, але у се віриться мало. Тут, в полонині, де небо накриває безлюдні простори, що живуть в самотині тільки для себе, вікує тиша.

Лиш в стаї тріщить невгасимий вогонь і все висилає синій дим свій на мандри. Здоєне молоко важко спочиває в дерев'яній посудині, над ним схилився ватаг. Він вже його заправив. З подри, де сохнуть великі круглі боханці будзу, повіває на ватага вітер, але не може прогнати зі стаї запаху вугля, сиру і овечої вовни. Бо тим самим пахне і ватаг.

Нові бербениці й барильця німують в кутку, хоч тільки запукай до них — і обізветься голос, що там жиє. Холодна жентиця світить з коновки зеленим оком. Ватаг сидить серед свого начиння, як батько серед дітей. Все воно — чорні лавки і стіни, ватра і дим, будз, бербениці й жентиця, — все воно близьке і рідне, на всьому спочила його тепла рука.

Молоко вже гусне, але ще йому не пора. Тоді ватаг вийма з-під череса цілий жмуток дерев'яних колодок і починає читати. Там закарбовано все, в тій дерев'яній книзі, хто скільки має овець і що кому належить. Турбота зсува йому брови, а він уперто чита:

"Мосійчук має штирнадцять дроб'єт, а му належит…"

За стінкою стаї спузар виводить:

Питається у баранця
Круторіжка вівця:
Ци ти вробиш, баранчику,
Зеленого сінця?

— Розспівався! — сердиться ватаг і наново перелічує карби.

Не знаєш ти, круторіжко,
Яка буде зима,
Ци ти вийдеш, ци не вийдеш
З полонинки жива…

— докінчує спузар у сінях і входить в стаю.

Закопчений, чорний, згинається над вогнем, і білі зуби блищать у нього. Вогонь потріскує стиха.

Молоко в путині жовкне і гусне. Ватаг схилився над ним скуплений, навіть суворий. Розщібає поволі

29

рукава і по сам лікоть занурює в нього свої голі, зарослі волоссям руки. І так застигає над молоком…

Тепер має бути тихо у стаї, двері замкнені, і навіть спузар не сміє кинуть оком на молоко, поки там твориться щось, поки ватаг чаклує.

Все наче застигло в німому чеканні, бербениці затаїли у собі голос, притаїлись будзи на полицях, поснули сном чорним стіни і лави, вогонь ледве диха, і навіть дим соромливо тікає в вікно. Тільки по легкому рухові жил на ватагових руках помітно, що насподі в посуді одбувається щось. Руки оживають потроху, то підіймаються вище, то опускаються нижче, закруглюють лікті, щось плещуть, бгають та гладять там всередині, і раптом з дна посуди, з-під молока, підіймається кругле сирове тіло, що якимсь чудом родилось. Воно росте, обертає плескаті боки, купається в білій купелі, само біле і ніжне і коли ватаг його виймає, зелені родові води дзвінко стікають в посуду…

Ватаг легко зітхнув. Тепер і спузар може вже глянуть. Славний родився будз, ватагові на втіху і на пожиток людям…

Одчиняються двері нарозтіж, вітер дме з подри, ватра з радості лиже чорний котел, в якому сироватка гуля коломийки, і серед диму й вогню блищать в спузаря зуби…

А коли сонце заходить, ватаг виносить зі стаї трембіту і трубить побідно на всі пустинні гори, що день скінчився миром, що будз йому вдався, кулеша готова і струнки чекають на нове молоко…

***

За своє літування у полонині зазнав Іван немало пригод. Раз він побачив дивну картину. Мав уже гнати вівці до стаї, коли ненароком озирнувся на близький верх. Мряка знизилась і укутала ліс, а він став легкий і сивий, як привид. Тільки полянка зеленіла під ним та чорніла одинока смерека. І ось та смерека закурилась і почала рости. Росте та й росте — і ось виступив з неї якийсь чоловік. Став на полянці, білий, високий, і гукнув назад себе у ліс. І зараз вийшли з лісу олені, один за другим, а що вийде новий, то роги у нього все кращі та веселіші.

Гуртом вибігли серни, потремтіли на тоненьких ногах та й почали щипати траву. А що розсиплються серни, то ведмідь їх заверне, отак як вівці вівчарка. А той білий пасе — ще й погейкує на худібку. Тут раптом звівся вітер, а те стадо як пирсне, так і пропало. Отак як би хукнув на скло, воно запітніє, а потому щезне усе, наче нічого не було.

Він показував іншим, але ті дивувалися: "Де? Сама лиш мряка".

За два тижні "великий" — так вівчарі пошепки називали ведмедя — зарізав ще п'ять корів.

Часто негура заставала вівці у полонині. У густій мряці, білій, як молоко, все пропадало: небо, гори, ліси, пастухи.— Ге-ей! — кликав Іван перед себе. Ге-ей! — відзивалось глухо на його поклик, як з-під води, а звідки, де був той, що кричав,— невідомо. Вівці сивим туманом котились попід ногами, а далі пропадали й вони. Іван йшов безпомічний, простягши руки перед собою, наче боявся на щось наткнутись, і кликав: — Гей!..— Де ти? — обзивалось вже ззаду — і Іван мусив ставати. Стояв безпорадний, згублений у липкому тумані, і коли прикладав до уст трембіту, щоб обізватись, другий кінець трембіти розпливався у мряці, а здушений голос її, тут же на місці, падав йому під ноги. Так вони розгубили кілька овечок.

"Вуйко" роздер ще дві корови, але то було востаннє: добирався вночі до стаї та й настромився на кіл.

Тепер його шкура сушиться на кілках і на неї брешуть собаки.

Часом била на полонині плова. Святий Ілля воювавсь з тими — цур їм та пек! Так блискав мечем і так гримав з рушниці — свят єси, господи! — що лупилося небо та западало на гори, а щойно лусне, то щось чорне за кожним разом зів'єся туди-сюди — та й шусть під камінь... Він, щез би, глумиться богові, підставляє свою гузицю, а вівчареві біда: страху набереться, ще й змокне до нитки...

У петрівку упали зими — і то такі тяжкії, що три дні не сходив сніг. Тоді розчахнулось багато овечок...

Зрідка приходили люди з долини, їх обступали, питаючись навперейми:

— Що чути селом?

І, як ті діти, слухали прості оповідання про те, скільки люди вробили сіна, що буришки нема, кукурудзи ріденькі, а Мочарникова Ілена померла. Потому всі разом пили за здоров'я маржинки, гості набирали у бербениці бриндзи та в мирності знову спускались в долини.

Вечорами біля стаї палали вогні. Вівчарі скидали з себе одежу та трусили над ними воші або, зібравшись докупи, зголоднілі за літо без "челядини", вели безконечні масні розмови. Їх регіт покривав навіть сонні зітхання худоби.

Іван, перше ніж облягатись, кликав до себе Миколу, завжди співучого і говіркого:

— Мико!.. Ходи д' мені, браччіку!..

— Почекай, браччіку Йва, я зараз,— гукав до стаї спузар, і вже звідти долітала до Івана його співанка:

Чорногора хліб не родить,

32

Не родить пшеницю,
Викохує вівчариків,
Сирок і жентицю...

Микола був сиротою і виріс у полонині. "Плекали мя вівці",— говорив він про себе, пригладжуючи непокірні кучерики.

Упоравшись, лягав спузар біля Івана, весь чорний, пересичений димом, й блищав молодими зубами при вогні ватри. Іван присувався ближче до нього, ловив Миколу за шию й прохав:

— Оповіж, браччіку, казку якус, ти їх багато знаєш...

З чорного неба капали зорі, й пливла по ньому білим шумом небесна ріка. В долинах дрімали гори.

— Відай, ростуть,— кидав наче до себе Іван.

— Хто?

— Гори.

— Перше росли, тепер перестали...

Микола мовкне, але потім додає стиха:

— З первовіку не було гір, лише вода... Така вода, гейби море без берегів. Та й бог ходив водою. Але раз він уздрів, що на воді крутиться шум. "Хто ти є?" — запитав. А воно каже: "Не знаю. Живий сме, а ходити не можу". А то був арідник. Бог про него не знав, бо він був, як бог, з первовіку. Дав бог йому руки та й ноги, і ходять вже разом оба побратими. От виучилось їм все по воді ходити, схотів бог землю зробити, а як дістати з дна моря глини — не знає, бо бог все знав на світі, лише нічого не вмів зробити. А арідник мав силу до всього — та й каже: "Я бих туди пронир".— "Пронри". От він пірнув на дно, згріб в жменю глини, а решту сховав до рота для себе. Узяв бог глину, розсіяв. "Більше нема?" — "Нема". Поблагословив бог ту землю, та й почала вона рости. А та, що в роті у сотони, росте й собі. Росте та й росте, вже

33

й рота розперла, не можна йому дихати вже, очі на лоба лізуть. "Плюй!" — радить бог. Зачав він плювати, та й де лиш плюне, там виростають гори, одна вища за другу, до самого неба доходять.

Вони б і небо пробили, коли б бог не закляв. Відтоді перестали гори рости...

Дивно Іванові, що такі красні гори, такі веселі, а сотворив їх злий.

— Кажи, браччіку, далі,— просить Іван, а Микола знов починає:

— Арідник був здатний до всього, що надумав — зробив. А бог, як що хотів мати, мусив вимудровувати в нього або украсти. Поробив арідник вівці, зробив си скрипку і грає, а вівці пасуться. Побачив бог та й вкрав тото в него, і вже обоє пастушат. Що є на світі — мудрощі, штудерація всяка,— то все від нього, від сотони. Де що лиш є — віз, кінь, музика, млин або хата,— все вигадав він... А бог лиш крав та давав людям. Таке-то...

Раз арідник змерз та й, щоб загрітись, вигадав ватру. Прийшов бог до ватри і дивиться на вогонь. А той вже знає, чого він. "Все ти, каже, у мене покрав, а сього не дам". Але дивиться арідник, а бог кладе вже ватру. Так йому стало досадно, що він озьмив та й плюнув у божу ватру. А з тої слини і знявся над вогнем дим. Перше ватра була без диму, чиста, а відтоді курить...

Довго Микола оповідає, а коли ненароком згадає чорта, Іван хрестить груди під кептарем. Микола ж тоді плює, аби нечистий не мав над ним сили...

***

Занедужав Микола — і Іван замість нього пильнує ватри. Проти вогню, на лаві, спить ватаг, а там, в кутку, де неспокійно хвилюють тіні од бербениць, постогнує хорий. В чорнім котлі кипить вода, дим збивається вгорі, під дах, і вилітає крізь гонти. Часом нечистий дихне у діру, і тоді дим з силою буха та гризе очі, але то добре, бо не можна заснути. А сон налягає. Щоб одігнати його, Іван встромлює очі в живий вогонь. Він мусить сокотити вогонь, сю полонинську душу, бо хто знає, що б сталось, якби не вберіг! Весела грань сміється до Івана з-під важкого накладу і раптом чезне. Перед очима пливуть вже зелені плями, розпливаються у царинки, у смерековий ліс. По царинці ступають білі ноги Марічки. Вона кида в поліг граблі і простягає до нього руки. І у ту мить, коли Іван ось-ось має почути м'яке тіло Марічки на своїх грудях, з лісу виходить з риком ведмідь, а білі вівці мечуться вбік і одділяють його од Марічки. "Ху, пек ті та цур!.. Невже заснув?" Жар з ватри кліпає оком, ватаг хропе, а під чорним покривалом рухливих тіней стогне Микола. Чи не пора варити кулешу на сніданок для вівчарів?

Іван виходить з стаї. Тиша і холод обіймають його. Десь в загородах диха худібка, збились вовною вівці, слабо блищать біля застайок ватри. Вівчарки обступили Івана, витягують залежане тіло, гребуться і труться до ніг.

Чорні гори залляли долини, як велетенська отара. Вони вікують у такій тиші, що чують навіть дихання худоби. А над ними розстелилося небо, ся полонина небесна, де випасаються зорі, як білі овечки. Чи ще щось є в світі, опріч сих двох полонин? Одна послалась долом, друга горою, а між ними, як дрібна цятка, чорніє пастух.

А може, нема нічого. Може, ніч затопила вже гори, може, зсунулись гори, роздушили усе живуще і лиш одно Іванове серце глухо калата під кептарем у безконечних мертвих просторах? Самота, як біль зубів, почина ссать йому серце. Щось велике, вороже душить його, ся затверділа тиша, байдужний спокій, сей сон небуття.

Нетерплячка стука йому до голови, за горло хапає неспокій — і, стрепенувшись раптом, він з криком, улюлюканням й зойком кида собою у полонину, щоб серед гвалту вівчарок дико ревучим клубком зламати тишу, розбити ніч на скалки, як камінь шибку. Ов-ов-во!.. — одзиваються збуджені гори… Га-га-га… — повторяють в тривозі далекі верхи, і знову зімкнулась розбита тиша. Вівчарки вертають назад, скалять до Івана зуби та махають хвостами.

Але зробилось іще сумніше. Схотілось сонця, веселого шуму ріки, теплого хатнього духу, розмови. Жаль вхопив серце, солодка туга.

Згадки почали його заливати та хвилюватись перед очима. І раптом почув він тихе: "Іва-а!" Хтось його кликав. О! Знову: "Іва-а!.."

Марічка? Де вона взялась? Прийшла на полонину? Вночі?

Заблудилась і кличе? Чи, може, йому причулось? Ні, вона тут. Серце калата в Іванових грудях, але він вагається ще. Куди іти? І знову, утретє, долітає до нього звідкись: "Іва-а!.." Марічка… вона… напевно… Він біжить навпростець, без стежки, туди, звідки чув голос, але стрічає лиш прірву, кудою не можна ні збігти, ані дістатись на полонину. Стоїть й заглядає у чорну безодню. Тоді йому робиться ясно: се його кличе лісна. І, хрестячи груди та озираючись лячно, він повертає до стаї.

Пора варити кулешу. В киплячий казан він сипле муку, крає її навхрест, і скоро запашна пара мішається з запахом диму. Ватаг потягається вже… почина дніти. Але хто його кликав? А може, то була таки Марічка? Його тягне подивитися ще, коли стало видніше. Йде в полонину.

Холодні роси сідають йому на постоли, небо зачервонілось, і зблідли зорі. Іван виходить на верх — і раптом холоне. Де він? Що з ним? Куди ділися гори? Води обляли кругом полонину, потопили верхи, і полонина пливе самотою в безкрайому морі. Од Чорногори подихнув вітер, повні води хвилюються стиха, чутно, як невидиме ще сонце росте в глибині, а ось виткнувся з моря весь сивий верх, з якого стікає вода. Сильніше подиха холод, зростають вали на морі, і верхи, один за другим, пробиваються з білої піни. Світ наче наново родився. Води постікали з верхів і ходять вже під ногами, сонце простелило на небі свою корону і ось-ось покаже лице, а з стаї несеться сумний голос трембіти і будить зі сну полонину.

***

Так літував Іван у полонині, аж поки вона не спустіла. Стекла маржинка назад в долини, розібрана хазяями, одтрембітали своє трембіти, лежать здоптані трави, а вітер осінній заводить над ними, як над мерцем. Лишились тільки ватаг зі спузарем. Вони мусять чекати, аж згасне вогонь, той вогонь полонинський, що сам народився, неначе бог, сам має й заснути. А коли і їх вже не стало, на засмучену полонину приволіклась мара та й нипа по стаї й по загородах, чи не лишилось чого для неї.

***

Надаремне Іван поспішав з полонини: він не застав Марічки живою. За день перед сим, коли брела Черемош, взяла її вода. Несподівано заскочила повінь, люті габи збили Марічку з ніг, кинули потім на гоц і понесли поміж скелі в долину. Марічку несла ріка, а люди дивились, як крутять нею габи, чули крики й благання і не могли врятувати.

Іван не вірив. Се, певно, штуки Гутенюків. Дізнались про їхнє кохання й сховали Марічку.

А коли зо всіх боків чув лиш те саме, рішив шукати тіла. Мусило ж прибитись десь до кашіци, десь люди мали його спіймати. Пішов вздовж річки, повний пекучого гніву і злоби до її вічного шуму, до киплячої люті.

В одному селі знайшов-таки тіло. Його вже витягли на зарінок, але він не пізнав в ньому Марічки. Се не Марічка була, а якийсь мокрий лантух, синя кривава маса, стерта річним камінням, як у млині…

Великий жаль вхопив Івана за серце. Зразу його тягло скочити з скелі у крутіж: "На, жери і мене!" Але потому щемлячий тусок погнав його в гори, далі од річки. Затуляв вуха, щоб не чути зрадливого шуму, що прийняв в себе останнє дихання його Марічки. Блукав по лісі, поміж камінням, в заломах, як ведмідь, що зализує рани, і навіть голод не міг прогнати його в село. Знаходив ожини, гогози, пив воду з потоків і тим живився.

Потому щез. Люди гадали, що він загинув з великого жалю, а дівчата склали співанки про їхнє кохання та смерть, які розійшлися по горах. Шість літ не було чутки про нього, на сьомий раптом з'явився. Худий, зчорнілий, багато старший од своїх літ, але спокійний. Оповідав, що пастушив на угорському боці. Ще з рік так походив, а відтак оженився. Треба ж було гздувати.

Коли замовкли стріли пістолів і одспівали весілля, а жінка пригнала до загороди вівці й корови, Іван був задоволений навіть. Його Палагна була з багацького роду, фудульна, здорова дівка, з грубим носом й воластою шиєю. Правда, вона любила пишне лудіння, і немало десь піде грошей на шовкові хустки та дорогі згарди, але то байка! Поглядаючи на овечки, що блеяли в загородах, на свій писаний ботей (стадо), на корови, що дзвонили та рули по випасах в лісі,— він не журився.

Тепер він мав коло чого ходити. Не був жадний багатства — не на те гуцул жиє на світі,— саме плекання маржинки сповняло радістю серце.

Як дитина для мами — такою була для нього худібка. Весь час, всі думки займала турбота про сіно, про вигоди Маржинці, щоб не заслабла, щоб хто не зурочив, щоб вівці щасливо котились, а корови уположались.

Скрізь, од усього була небезпека, і треба було добре глядіти маржину од гадини, звіра і од відьом, які всякими способами потягали манну з коров та потинали худібку. Треба було багато знати, підкурювать, ворожити, збирати помічне зілля і замовляти. Палагна йому помагала, з неї була добра газдиня, і свої вічні турботи він ділив з нею.

— Ну і сусіди дав нам пан-біг! — жалілась вона чоловікові. — Війшла даві в притулу Хима, глянула на ягнєта та як сплесне в долоні: "Їй! Які вони файні!" На, маєш, гадаю собі. Не встигла та за поріг, а двоє ягнєт закрутилось на місці — та й вже по них... Ігій на тебе, відьмо!..

— А я йду сночі,— оповідав Іван,— повз її хату та й дивлюся — кочеється шос кругле, гейби капшук. Та й світиться так, наче зірниця.

Став я й дивлюся, а воно по царинці, через воринне та й просто в Химині двері... Абих так здоров був!.. Якби був догадався та зняв свої гачі, може б, ними відьму імив, а так пропало...

З другого боку, на найближчім горбі, сусідив Юра. Про нього люди казали, що він богує. Він був як бог, знаючий і сильний, той градівник і мольфар. В своїх дужих руках тримав сили небесні й земні, смерть і життя, здоров'я маржини й людини, його боялись, але потребували усі.

Траплялось, що і Іван звертався до нього, але за кожним разом, стрічаючи погляд пекучих очей мольфара, спльовував непомітно:

"Сіль тобі в оці!.."

Проте найгірше докучала їм Хима. Стара улеслива баба, завжди така привітна, вона вечорами перекидалась в білого пса та нипала по загородах сусідських. Не раз Іван метав сокирою в неї, жбурляв вилами та проганяв.

Ряба корова на очах худла і все менше давала подою. Палагна знала, чия то справа. Вона підглядала, говорила примівки, по кілька разів на вечір бігала до коров, вставала навіть вночі. Раз наробила такого крику, що Іван біг в загороду як навіжений і мусив одганяти од порога велику жабу, що намагалась перелізти у хлів. Але жаба раптом десь щезла, а з-за вориння скрипів вже голосок Химин:

— Добрий вам вечір, сусідоньці красні… хе-хе…

Безвстидна!

Чого вона тільки не виробляла, ота родима відьма! Перекидалась у полотно, що біліло смерком попід лісом, повзла вужем або котилась горбами прозорим клубком. Спивала, нарешті, місяць, щоб було темно, як йде до чужої худоби. Не один присягався, що бачив, як вона терницю доїть: заб'є у неї чотири кілки, неначе дійки,— і надоїть повну дійницю.

Скільки клопоту було в Івана! Він не мав навіть коли спам'ятатись. Газдівство потребувало вічної праці, життя маржини так тісно в'язалось з його власним життям, що витісняло всякі інші думки. Але часами, несподівано зовсім, коли він зводив очі на зелені царинки, де спочивало в копицях сіно, або на глибокий задуманий ліс, звідки злітав до нього давно забутий голос:

Ізгадай мні, мій миленький,
Два рази на днину,
А я тебе із гадаю
Сім раз на годину…

Тоді він кидав роботу і десь пропадав.

Фудульна Палагна, що звикла шість день на тиждень робити і тільки в свято одпочивала, пишаючись красним лудінням, сердито дорікала за його примхи. Але він гнівавсь:

— Заткнися. Пазь лиш своє і дай мені спокій…

Він сам сердивсь на себе: "Нащо воно?" — і винувато йшов до худоби. Приносив їй хліба чи грудку солі. З довірливим риком тяглася до нього його біланя або голубаня, висувала теплий червоний язик і разом з сіллю лизала руки. Вогкі блискучі очі приязно дивились на нього, а теплий дух молочного вим'я та свіжого гною знову вертали втрачений спокій і рівновагу.

В кошарі його обливало ціле море овець, таких маленьких, круглих. Вони знали господаря свого, сі барани і ягниці, і з радісним беканням терлись до його ніг. Він запускав пальці в пухнату вовну або з батьківським почуттям брав на руки ягня — і дух полонини віяв тоді над ним та кликав у гори. Ставало спокійно і тепло на серці.

У сьому була Іванова радість.

Чи він кохав Палагну? Така думка ніколи не займала його голови. Він газда, вона газдиня, і хоч дітей у них не було, зате була худібка — чого ж ще більше? На добрім хазяйстві Палагна набралась тіла, стала повна й червона, курила люльку, як Іванова мати, носила пишні шовкові хустки, а на воластій шиї блищало у неї стільки намиста, що челядь з заздрощів аж розсідалась. Вони їздили разом до міста або на храм. Палагна сама сідлала свого коня і закладала червоний постіл в стремено так

41

гордо, наче всі гори належали тільки до неї. На храмах були люди та далекі роди, пінилось пиво, лилась горілка, злітались усякі новини з далеких гір, Іван обіймав молодиці, Палагну цілували чужі чоловіки — ото диво яке! — і вдоволені, що набулись так файно, вони вертались знову до щоденних турбот.

До них теж приїздили чесні газди в гостину.

— Слава Ісусу. Як жінка, маржинка, ци дужі?

— Гаразд, як ви?..

Засідали за мережаний стіл, тяжкі в своїм овечім убранні, і споживали вкупі, свіжу кулешу та гуслянку гостру, од якої облазив язик.

Так йшло життя. Для праці — будні, для ворожіння — свято.

На святий вечір Іван був завжди в дивнім настрої. Наче переповнений чимсь таємничим й священним, він все робив поважно неначе службу божу служив. Клав Палагні живий вогонь для вечері, стелив сіно на стіл та під столом і з повною вірою рикав при тім, як корова, блеяв вівцею та ржав конем, аби велася худоба. Обкурював ладаном хату й кошари, щоб одігнати звіра й відьом, а коли червона од метушні Палагна серед курива того ознаймляла нарешті, що готові усі дванадцять страв, він, перше ніж засісти за стіл, ніс тайну вечерю худобі. Вона першою мусила скоштувати голубці, сливи, біб та логазу, які так старанно готувала для нього Палагна. Але се було не все. Ще годилось закликать на тайну вечерю усі ворожі сили, перед якими берігся через ціле життя. Брав в одну руку зі стравою миску, а в другу сокиру і виходив надвір. Зелені гори, убравшись у білі гуглі, прислухались чуйно, як дзвеніло на небі золото зір, мороз блискав срібним мечем, потинаючи згуки в повітрі, а Іван простягав руку у сю скуту зимою безлюдність і кликав на тайну вечерю до себе всіх чорнокнижників, мольфарів, планетників всяких, вовків лісових та ведмедів. Він кликав бурю, щоб була ласкава прийти до нього на ситі страви, на палені горілки, на вечерю святу,— але вони не були ласкаві, і ніхто не приходив, хоч Іван спрошував тричі. Тоді він заклинав їх, щоб не з'являлись ніколи,— і легко зітхав.

Палагна чекала в хаті. Вогонь в печі лежав втомившись, тихо дрімаючи жаром, страви спочивали на сіні, різдвяна мирність спливала з темних кутків, голод тягнув до їжі, але вони ще не сміли сісти за стіл. Палагна поглядала на чоловіка — і в згоді вони разом згинали коліна, благаючи бога, щоб припустив до вечері ті душі, що їх ніхто не знає, що пропадом пропадають, бутанами побиті, дорогами покалічені, водами потоплені. Ніхто за них не згадає, ані встаючи, ані лягаючи, ніхто не згадає, дорогою йдучи, а вони, бідні душі, гірко пробувають у пеклі, чекаючи вечора святого...

І коли так молились, Іван був певний, що за плечима у нього плаче, схилившись, Марічка, а душі нагло померлих невидимо сідають на лави.

— Продуй перше, ніж маєш сісти! — вимагала від Івана Палагна.

Але він знав і без неї. Старанно продмухував місце на лаві, щоб не привалить яку душу, і засідав до вечері...

На Маланки до маржини у загороду приходив сам бог. На високому небі ясно горіли зорі, люто тріщав мороз, а сивий бог йшов босоніж по пухкому снігу і тихо одхиляв двері кошари.

Прокинувшись вночі, Іван наслухав і, здавалося, чув, як лагідний голос питає Маржинку: "Ци ти, худібко, наїжена, напоєна добре? Ци сокотить тебе газда?" Радісно блеяли вівці веселим риком обзивались корови — газда доглядає їх добре, сумлінно, поїть, годує і навіть нині вичесав шерсть. Тепер пан-біг напевно обдарує його новим приплодом.

43

І бог давав приплід. Овечки мирно котились, чинили ягнички, корови щасливо уположались.

Палагна вічно заклопотана була своїм ворожінням. Палила поміж маржиною ватру, аби вона була світуча, красна, як боже світло, аби до неї не мав приступу злий. Вона робила, що тільки знала, аби худоба була така тиха, як корінь в землі, така манниста, як у потоці вода.

Вона так ніжно промовляла до неї:

— Ти меш годувати мене і мого газду, а я тебе буду шанувати, щоб ти легко спала, шобис рідко рикала, щоби тебе чередінниця не пізнала, де ти ночувала, де ти стояла, щоби тебе хто не урік…

Так ішло життя худоб'яче й людське, що зливалось докупи, як два джерельця у горах в один потік.

***

Завтра велике свято. Теплий Юрій одбира од холодного Дмитра ключі світові, щоб править землею. Повні води, на яких плава земля, піднесуть її вище до сонця, Юрій закосичить ліси і царинки, вівця ме оростати у вовну, як літом земля травою, а сінокоси спічнуть од худібки, зарастаючи велико зелом. Завтра — весна, день радості й сонця, а вже сьогодні гори цвітуть вогнями і синій дим загортає смереки прозорим серпанком. А коли сонце знизилось, одцвіли ватри і дими одлетіли у небо, радісним риком обізвалась худоба, перегнана через жар, аби була остра у літі, як тота ватра, аби множилась так, як намноживсь од вогню попіл.

Пізно обляглись перед Юрієм люди, хоч рано мали вставати.

Палагна збудилась, як тільки почало дніти.

"Чи ще не рано?" подумала вголос, але зараз згадала, що нині свято і треба йти на царинку. Одкинула теплий ліжник і встала на ноги. Іван ще спав, піч позіхала в кутку чорним отвором пащі, а під нею сумно бринів цвіркун. Палагна розщібнула сорочку, скинула з себе, постояла гола посеред хати і, боязко озираючись на Івана пішла до дверей.

Скрипнули двері, і ранішній холод обвіяв їй тіло. Гори ще спали. Спали ще смерекові ліси, як ченці строгі посірілі за ніч царинки і сиві шпилі, що розпливались в тумані. Холодна мрич підіймалась з долини та простягала білі мохнаті лаби до чорних смерек, а під блідим ще небом оповідав свій сон Черемош.

Палагна ступала по мокрих травах і злегка тремтіла в ранішнім холодку. Вона була певна, що ніхто її не побачить, а якби й побачив, то що? Звісно, шкода було б, якби пропало її ворожіння. Іншої думки в неї не було. На благовіщення ще вона закопала у муравлисько сіль, булку й намисто і нині треба було все те дістати. Помалу звикла до зимна. Її туге тіло, що не знало ще материнства, свобідно і гордо пливло в молодих травах царинки, таке рожеве і свіже, як позолочена хмара, переповнена теплим весняним дощем. Нарешті спинилась під буком. Але перше ніж розкопать муравлисько, вона підняла угору руки і потяглася смачно всім тілом, хруснувши кісточками. І враз почула, що тратить силу. Щось їй недобре. Опустила безвладно руки, глянула перед себе і раптом впірнула в чорну вогнисту безодню, що не пускала її від себе.

Юра-мольфар стояв по той бік вориння і дивився на неї.

Вона хотіла крикнуть на нього — і не могла. Хотіла закрити груди руками — й не мала сили їх зняти. Намагалась втекти — і вросла в землю. Стояла безсила, сливе зомліла, і уперто дивилась у дві чорні жаринки, що випивали з неї всю силу. Врешті у ній ворухнулася злість. Пропало ціле ворожіння! Палагна зробила над собою

45

зусилля, щоб підняти ту злість, і сердито обізвалась до нього:

— Чого вилупив баньки? Не видів?

Не спускаючи з неї очей, якими скував її всю, Юра блимнув зубами:

— Такої, як ви, Палагно, бігме, не видів.

Й закинув ногу через вориння.

Вона бачила добре, як плили до неї ті дві жаринки, що спопелили їй волю, а все ж стояла, нездатна поворухнутись, чи то в солодкім, чи то в жахливім чеканні.

Він був вже близько. Бачила мережані шви кептара... блискучі зуби в отворі рота... напівпідняту руку... Тепло його тіла зблизька війнуло на неї, а вона все ще стояла. І аж коли залізні пальці стиснули їй руку та потягли до себе, вона з криком шарпонулась і побігла до хати.

Мольфар стояв, роздуваючи ніздрі, і дивився услід, як біле Палагнине тіло вигиналось на травах, мов габи в Черемоші.

Потому, коли Палагна вже щезла, він переліз знову вориння і знов почав розсівать по царинці попіл од учорашньої ватри, аби корови та вівці, що будуть тут пастись, пишно плодились, щоб кожна ягничка чинила по двоє...

Палагна прибігла додому лиха. Добре, що хоч Іван нічого не бачив. Ну і сусідонько файний, смага б ті втяла! Не мав коли приступитись до неї!.. Ігій на тебе!.. А що ворожіння пропало — то вже пропало... Вагалась, чи казати про Юру Іванові, чи дати спокій. Ще бійка готова вийти з того та сварка, а з мольфаром лиш зачепись... От було дати в лице та й вже... Але Палагна знала, що не годна зняти на нього руку. Навіть при одній думці про се почувала млость у всім тілі, в руках і в ногах, якусь солодку знемогу. Чула немов павутиння на всьому тілі од гарячого погляду чорних очей, од блиску зубів в пожадливо одкритому роті. І що б вона не робила в той день, мольфарів погляд її в'язав.

Вже зо два тижні минуло від того часу, а Палагна Іванові не казала про стрічу з Юром. Вона лиш придивлялась до чоловіка. Щось було важке у ньому, якась жура його гризла та ослабляла тіло, щось старе, водянисте світилось в його стомлених очах. Помітно худ, ставав байдужий. Ні, Юра кращий. Коли б захотіла мати любаса, узяла б Юру. Але Палагна була фудульна, її силком не візьмеш. До того була сердита на мольфара.

Раз вони стрілись біля ріки. Палагні на мить здалося, що вона гола, що тонке павутиння опутало все тіло її. Вона наче крізь сон почула:

— Як спали, Палагночко, душко?

На язиці в неї вертілась відповідь: "Гаразд, як ви?" Але вона здержалась, закопилила губу, гордо підняла голову і минула його, немов не бачила навіть.

— Як дужі? — почула ззаду удруге. Але не обернулась.

"Ну, тепер начувайся біди!" — подумала зі страхом.

І справді, ледве вернулась додому, Іван стрів її звісткою, що здохла ягничка. Але, на диво, їй анітрошки не жалко було ягнички. Навіть злість брала, що Іван так побивається дуже за нею.

Юра більше не переходив Палагні дороги. Однак її думка все частіше зверталась до нього. Цікаво й охоче прислухалась Палагна оповіданням про його силу і дивувалась, скільки він може, той палкий Юра, що не видів кращої од Палагни! Він був могутній, потужний, все знав. Од його слова гинула зразу худоба, сохла й чорніла, як дим, людина, він міг наслати смерть і життя, розігнать хмару і сперти град, вогнем чорного ока спопелить ворогів і запалити в жіночому серці кохання. Він був земним богом, той Юра, що хтів Палагни, що простягав до неї руки, в яких тримає світові сили.

Її серце часами в'яло для корів і чоловіка, вони там блідли, як розсівається мрич, що на хвилинку сіда на смереки. З нудьгою вона йшла на царинку, під бук, і там почувала на своїх грудях тепле дихання Юри, залізні пальці його руки. Він мав би з неї любаску, коли б тоді з'явився.

Але він не з'являвся…

Була гаряча днина. Ігрець закурився, земля парувала, од Чорногори бігли безперестанку хмари та виливались дощі, на які збоку світило сонце. Так було парно, що Палагна нізащо не полізла б на грунь, коли б не приснився їй сон, який віщував для худоби недобре. Вона хотіла одвідать корови у лісі. Круг неї гори курились од мричі, наче скипіли гірські потоки й запарували. Черемош знизу шумів. Йому твердо було лежати на скелях, і він перескакував з каменя на камінь. Але ледве встигла Палагна злізти на верх, коли од Чорногори махнув крилом вітер і захитав дерева. "Коли б не було бурі",— погадала вона і обернулась лицем до вітру. Ну, так і є… Там клекотіла важка синьо-біласта хмара. Здавалось, сама Чорногора знялася в небо, готова спуститись на землю та все роздушити. Вітер біг перед нею та розпихав смереки, а гори й долини зчорніли одразу, як після пожежі.

Нічого було і думати йти далі. Палагна заховалась під наметом смереки. Смерека скрипіла. Здалеку м'яко котився грім, тіні прудко бігли по горах, змиваючи фарби, а високі Гаджуги згинались удвоє по далеких верхах. "Ще аби градом не вергло",— лякалась Палагна, загортаючись у кептар.

А над головою уже шуміло. Там, в Чорногорі, чорнокнижники сікли десь лід по замерзлих озерах, а душі страчених нагло збирали той лід у міхи і мчались з ними на хмарах, щоб розсівать по землі.

"Пропадуть сіножаті, засипле їх ледом, і буде плакать голодна худібка",— думала гірко. Але не встигла скінчити думки, як вдарив грім. Захиталися гори, Гаджуги впали верхами на землю, земля піднялась, і все закрутилось у вихрі. Палагна ледве встигла вхопитись за стовбур і, мов крізь туман, побачила раптом, як дряпавсь на гору якийсь чоловік. Боровся з вітром, розкидав ноги, неначе рак, хапався руками за камінь і все дерся на верх. Ось він вже близько, зігнувся удвоє, біжить — і врешті став на вершку. Палагна пізнала Юру.

— Цес, певно, до мене...— налякалась Палагна, але Юра, видимо, її не бачив.

Став проти хмари, одна нога наперед, і склав руки на грудях. Закинув назад бліде обличчя і вперся похмурим оком у хмару. Стояв так довгу хвилину, а хмара ішла на нього. І раптом сильним рухом він кинув кресаню на землю. Вітер зараз звіяв її в долину і підхопив на голові в Юри довге волосся. Тоді Юра підняв до хмари ціпок, що тримав у руці, і крикнув у синій клекіт:

— Стій! Я тебе не пускаю!..

Хмара подумала трохи і пустила в одповідь вогняну стрілу.

— Ой! — закрила Палагна очі рукою, як розсипались гори.

Але Юра так само міцно стояв, і кучері вились на голові в нього, як у гнізді гадюки.

— Ага! Ти так! — крикнув Юра до хмари.— То я мушу тебе заклинати.

Я заклинаю вас, громи й громовенята, тучі і тученята, я розганяю тебе, фортуно, наліво, на ліси й води... Іди рознесися, як вітер по світі... Розсядься і росситися, ти тут сили не маєш...

Але хмара тільки моргнула зневажливо лівим крилом і почала завертати направо, понад царинки.

— Нещастя! — стиснула руки Палагна.— Чисто виб'є сіна…

Однак Юра не хотів піддатись. Він лиш зблід дужче, лиш очі потемніли у нього. Коли хмара направо — то й він направо, хмара наліво — і він наліво. Він бігав за нею, борючись з вітром, махав руками, грозив ціпком. Він вився, як в'юн, по горі, завертаючи хмару, моцувався із нею, спирав… Ось-ось, ще трошки, ще з сього краю… Чув в грудях силу, метав громи з очей, здіймав руки угору і заклинав.

Вітер розвіяв його кептар та бив у груди, хмара гарчала, плюскала громом, завертала у очі дощем, драгліла над головою, готова впасти, а він, залитий потом, ледве переводячи дух, метався грунем в нестямі, боячись втратить останні сили. Чув, що сили вже слабнуть, що в грудях пусто, що вітер рве голос, дощ залива очі, хмара перемагає, і вже останнім зусиллям підняв до неба короткий ціпок:

— Стій!..

І хмара раптом спинилась. Підняла здивовано край, сперлась, як кінь на задні ноги, заклекотіла внутрішнім гнівом, одчаєм знесилля і вже просила:

— Пусти! Де ся подіну?

— Не пущу!

— Пусти, бо гинем! — кликали жалібно душі, згинаючись під вагою переповнених градом мішків.

— Ага! Тепер ти просиш!.. Я тебе заклинаю: іди у безвісті, у провалля, куди коні не доіржуть, корови не дорікують, вівці не доблеюють, ворони не долітають, де християнського гласу не чути…Туди пускаю тебе…

І дивна річ — хмара скорилась, покірно повернула наліво і розв'язала мішки над рікою, засипаючи густим градом зарінок. Біла завіса закрила гори, а в глибокій долині щось клекотіло, ламалось і глухо шуміло. Юра упав на землю і важко дихав.

А коли сонце продерло хмару і мокрі трави враз осміхнулись, Юра наче у сні побачив, що до нього біжить Палагна. Вона сяла уся привітно, як сонце, коли нагнулась над ним з турботним питанням:

— Ци тобі, Юрчику, не сталось чого лихого?

— Нічьо, Палагночко, душко, нічьо... Ади! Я одвернув бурю...

І простяг руки до неї... Так Палагна стала любаскою Юри.

***

Іван дивувався Палагні.

Вона і перше любила пишно вбиратись, а тепер наче щось вступило у неї: навіть у будень носила шовкові хустки, дорогі й писані мудро, блискучі дротяні запаски, а важкі згарди гнули їй шию. Часом щезала з дому й верталася пізно, червона, розтріпана, п'яна неначе.

— Де ти волочишся все?! — сердивсь Іван.— Гляди, газдине!

Але Палагна тільки сміялась:

— Овва! То вже мені і погуляти не вольно... Я хочу набутись. Раз жиємо на світі...

— Що правда, то правда, життя наше коротке — блисне та й згасне.

Іван сам так думав, але ж бо Палагна занадто. Щодня вона запивалася в корчмі з Юрою-мольфаром, прилюдно цілувалась і обіймалася з ним, не криючись навіть, що має любаса. Хіба вона перша! Відколи світ світом, не бувало того, щоб тільки одного триматись.

Всі говорили про Палагну та Юру, чув і Іван, але приймав усе байдуже. Як мольфар, то й мольфар.

Палагна цвіла й веселилась, а Іван нидів і сох, втрачаючи силу. Він сам дивувався тій зміні. Що сталося з ним? Сили покидали його, очі, якісь розпорошені й водянисті, глибоко запались, життя втратило смак. Навіть маржинка не давала колишньої втіхи. Чи йому пороблено що, чи хто урік? Не мав до Палагни жалю, навіть кривди не чув у серці, хоч бився за неї з Юром. Не з злості, а для годиться, коли люди звели. Якби не Семен, його побратим, що заступивсь за Івана, може б, нічого не було. Бо, стрівшись раз у корчмі, Семен вдарив Юру в лице.

— А ти, лайдаку якийсь, тобі що до Палагни, не маєш своєї жони?

Тоді Іванові соромно стало. Він скочив до Юри:

— Пазь своєї Гафії, а моєї не руш! — і затряс барткою в Юри перед лицем.

— Ти купив її на торзі? — спалахнув Юра.

Його бартка так само мигтіла перед очима в Івана.

— Потеруха б тя стерла!..

— Опришку єден!..

— На, маєш.

Іван тяв перший, просто в чоло. Але Юра, умиваючись кров'ю, встиг рубанути Івана між очі і об'юшив його аж до грудей. Посліпли обоє од хвилі гарячої крові, що заливала їм очі, а все ж кресали бартку об бартку, усе гатили один одному в груди. Вони танцювали смертельний танець, оті червоні маски, з яких парувала гаряча кров.

Юра мав вже скалічену руку, але щасливим вдаром раптом зламав надвоє Іванову бартку. Іван зігнувся, чекаючи смерті, та Юра вгамував свою лють на бігу і гарним, величним рухом одкинув набік свій топірець.

— На безоружного з бартков не йду!..

Тоді вони взялись за барки. Їх ледве розборонили.

— Ну, що ж.

Іван обмив свої рани, закрасивши Черемош кров'ю, та й пішов межи вівці. Там знайшов свій спочинок і розраду.

Однак бійка не помогла. Все залишилось, як було. Так само Палагна не трималася хати, так само марнів Іван. Його шкура зчорніла та обліпила кості, очі запались ще глибше, його жерли гарячка, роздратовання і неспокій. Він навіть втратив охоту до їжі.

"Не інакше, як мольфарова справа,— гірко думав Іван,— наважився на життя, хоче з світу мя звести та й сушить…"

Він ходив до ворожки, та одвертала,— не помогло: відай, мольфар сильніший. Іван навіть упевнився у тім. Проходячи якось повз хату Юри, він почув голос Палагни. Невже вона? Йому сперло у грудях. Притиснувши серце рукою, Іван приклав вухо до брами. Не помилився. Там була Палагна. Шукаючи шпари, щоб зазирнути у двір, Іван тихо посувався попід баркан. Нарешті йому удалось знайти якусь дірку у баркані, і він побачив Палагну і мольфара. Юра, зігнувшись, тримав перед Палагною глиняну ляльку і тикав пальцями в неї од ніг до голови.

— Б'ю кілок тут,— шептав зловісно,— і сохнуть руки та й ноги. В живіт — карається на живіт; не годен їсти…

— А єкби у голову вбив? — питала цікаво Палагна.

— Тоді гине в той мах…

Се ж вони на нього змовлялись!..

Свідомість того туманом шибнула до голови Івана. От скочить через баркан і забити обох на місці. Іван стиснув рукою бартку, зміряв очима баркан, але раптом зів'яв. Знесилля й байдужність знову обняли все його тіло. Нащо? До чого? Так вже, певно, йому судилось. Він змерз одразу, безсило опустив бартку і посунувся далі.

Ішов спустілий, не чуючи землі під ногами, згубивши стежку. Червоні круги літали перед його очима та розпливались по горах.

Куди він йшов? Не міг навіть згадати. Блукав без мети, злазив на гори, спускався і підіймався, куди ноги носили. Нарешті побачив, що сидить над рікою. Вона клекотіла та шуміла під ногами у нього, ся кров зелена зелених гір, а він вдивлявся без тями в її бистрину, аж нарешті в його стомленім мозку засвітилась перша ясніша думка: на сім місці брела колись Марічка. Тут її взяла вода. Тоді вже згадки самі почали зринати одна по одній, наливати порожні груди. Він знов бачив Марічку, її миле обличчя, її просту і щиру ласкавість, чув її голос, її співанки... "Ізгадай мні, мій миленький, два рази на днину, а я тебе ізгадаю сім раз на годину..." І от тепер нічого того нема. Нема й не вернеться вже, як не може ніколи вернутись на ріці піна, що сплила за водою. Колись Марічка, а тепер він... Вже його зірка ледве тримається в небі, готова скотитись. Бо що наше життя? Як блиск на небі, як черешневий цвіт... нетривке й дочасне...

Сонце сховалось за гори, в тихих вечірніх тінях закурились гуцульські хати. Синій дим вився крізь шпари дахівок, густо окутував хати, що розцвітались на зелені гір, як великі блакитні квітки.

Тусок обіймав серце Івана, душа банувала за чимсь кращим, хоч невідомим, тяглася в інші, кращі світи, де можна б спочити. А коли надійшла ніч і чорні гори блимнули світлом самотніх осель, як потвори злим оком, Іван почув, що сили ворожі сильніші за нього, що він вже поліг у боротьбі.

Іван прокинувсь.

— Вставай,— будила його Марічка.— Вставай, і ходім.

Він глянув на неї і анітрошки не здивувався. Добре, що Марічка нарешті прийшла. Підвівся і вийшов з нею.

Вони мовчки здіймалися вгору, і, хоч була вже ніч, Іван виразно бачив при світлі зірок її обличчя. Перелізли вориння, що одділяло царинку од лісу, і вступили у густу зарость смерічок.

— Чогось так змарнів? Чи ти недужий? — обізвалась Марічка.

— За тобою, душко Марічко... за тобою банував...— Не питав, куди йдуть. Йому було так добре з нею.

— Чи пам'ятаєш, серце Іванку, як ми сходились тут, у сему лісі: ти мені йграв, а я закладала свої руки тобі на шию та й цілувала кучерики любі?

— Ой пам'ятаю, Марічко, й повік не забуду...

Він бачив перед собою Марічку, але йому дивно, бо він разом з тим знає, що то не Марічка, а нявка. Йшов поруч із нею й боявся пустити Марічку вперед, щоб не побачить криваву дірку ззаду у неї, де видно серце, утробу і все, як се у нявки буває. На вузьких стежках він туливсь до Марічки, аби йти рядом, аби не лишитися ззаду, і чув тепло її тіла.

— Давно я мала тебе спитати: за що ти вдарив мене в лице? Тоді, пам'ятаєш, як билась стариня наша, а я тремтіла під возом, бачачи кров...

— Ти побігла потому, я кинув твої уплітки в воду, а ти дала мені цукерок...

— Я тебе покохала одразу...

Вони все заглублялися в ліс. Чорні смереки добродушно простягали над ними свої мохнаті лаби, наче благословляли, скрізь панувала строга, в собі замкнута тиша, і тільки в долинах розбивалась шумом піниста сваволя потоків.

— Раз я хотіла тебе налякати й сховалась. Запорпалась в мох, зарилась у папороть і лежала тихенько. Ти кликав, шукав, мало не плакав. А я лежала й дусила у собі сміх. А коли врешті знайшов, що ти зробив зо мною?..

— Ха-ха!

— Ігій! Безвстиднику єден...

Мило надула губи і так лукаво поглядала на нього.

— Ха-ха! — сміявся Іван.

— Ха-ха! — сміялися обоє, притулившись до себе.

Вона нагадала йому всі їхні дитячі забави, холодні купелі у потоках, жарти і співанки, страхи і втіхи, гарячі обійми і муку розлуки. Всі ті милі дрібнички, які гріли їм серце.

— Чому так довго не вертав з полонини, Іванку? Шо там робив-есь?

Івана кортіло їй розказати, як його кликала у полонині лісна, прибравши голос Марічки, але він обминав тоту згадку. Свідомість його двоїлась.. Чув, що коло його Марічка, і знав, що Марічки нема на світі, що се хтось інший веде його у безвісті, у недеї, щоб там загубити. А проте йому добре було, він йшов за її сміхом, за її щебетанням дівочим, не боячись нічого, легкий й щасливий, яким був колись.

Всі його клопоти і турботи, страх смерті, Палагна і ворожий мольфар — все кудись щезло, все одлетіло, наче ніколи нічого такого не було. Безжурна молодість й радість знову водили його по сих безлюдних верхах, таких мертвих й самотніх, що навіть лісовий шепіт не міг вдержатись там та спливав у долину шумом потоків.

— А я тебе все виглядала та й все чекала, коли з полонини повернеш. Не їла, не спала, співанки розгубила, світ мні зів'яв... Поки ми ся та й любили, сухі дуби цвіли, а як ми ся розлучили, сирснькі пов'яли...

— Не кажи так, Марічко, не кажи, любко… Тепер ми вже разом та й довіку укупі будем…

— Довіку? Ха-ха…

Іван здригнувся і став. Сухий зловісний сміх різнув йому по серці. Неймовірно озирнувся на неї.

— Смієшся, Марічко?

— Шо ти, Іванку! Я не сміялась. То тобі вчулось. Ти вже пристав? Тобі трудно іти? Ходім ще трошки. Ходімо!..

Вона благала — і він пішов далі, міцно притиснувшись плечем до плеча, з одним бажанням — йти так, щоб не лишитись позаду і не побачить, що у Марічки замість одежі, замість спини… Е, що там… не хотів думать.

Ліс все густішав. Прілий дух гнилих пнів, запах кладовища лісного йшов на них з пущі, де трухліли мертві смереки та гніздились погані гриби — гадяр і голубінка. Великі каміння холоділи під слизьким мохом, голі корні смерек заплітали стежки, вкриті верствою сухої глиці.

Вони йшли далі й далі, забирались в холодний і непривітний глиб верховинних лісів.

Прийшли на полянку. Тут було трохи ясніше, смереки наче замкнули поза собою чорність глибокої ночі.

Враз Марічка здригнулась і стала. Витягла шию і наслухала. Іван помітив, як тривога слизнула по обличчі у неї, звела її брови. Що сталось? Але Марічка нетерпляче спинила його питання, поклала палець на губи на знак мовчання і раптом зникла. Все се сталось так несподівано й чудно, що Іван не встиг спам'ятатись.

Чого вона налякалась, куди й чого втекла? Він постояв трохи на місці, сподіваючись, що Марічка надійде зараз, але коли її довго не було, він стиха покликав:

— Марічко!..

М'яке запинало смерекового гілля ковтнуло той поклик, і знов було тихо.

Іван стривоживсь. Хотів шукати Марічку, але не знав, в який бік іти, бо не помітив, куди вона зникла.

Ще готова десь заблудитись у лісі або зірватись у прірву. Чи не покласти ватру? Побачить вогонь і буде знати, куди вернутись.

Іван накидав сухих галузок і підпалив. Вогонь потріщав трохи підсподом і вигнав дим. А коли дим заметавсь над вогнем, заметалися тіні кострубатих смерек і залюднили полянку.

Іван сів на пеньок і обдивився. Поляна була закидана вся трухлявими пнями, колючою сіткою гострих вершків, між якими вилась дика малина. Спідні галузки смерек, тонкі й посохлі, звисали додолу, як руда борода. Сум знову обняв Івана. Він знову був сам. Марічка не йшла.

Закурив люльку і вдивлявся в вогонь, щоб чим-небудь скоротити чекання. Мусила ж врешті прийти Марічка. Йому навіть здавалось, що він чує її ходу і тріск під ногами гіллячок. О! Врешті, вона… Хотів встати і піти їй назустріч, але не встиг. Сухі гіллячки розсунулись тихо, і з лісу вийшов якийсь чоловік.

Він був без одежі. М'яке темне волосся покривало все його тіло, оточало круглі і добрі очі, заклинилось на бороді і звисало на грудях. Він склав на великий живіт зарослі вовною руки і підійшов до Івана.

Тоді Іван зразу його впізнав. Се був веселий чугайстир, добрий лісовий дух, що боронить людей од нявок. Він був смертю для них: зловить і роздере.

Чугайстир добродушно всміхнувся, кліпнув лукаво оком і поспитав Івана:

— Куди побігла?

— Хто?

— Нявка.

"Се він про Марічку,— з ляком подумав Іван, і серце закалатало йому в грудях.— Ось чого вона зникла!.."

— Не знаю... Не видів,— байдужно обізвався Іван і запросив чугайстра:

— Сідайте.

Чугайстир сів на пеньок, обтрусився з сухого листу і простяг до вогню ноги.

Обоє мовчали. Лісовий чоловік грівсь коло ватри та розтирав собі круглий живіт, а Іван думав уперто, яким би чином довше затримать чугайстра, щоб Марічка якнайдалі встигла втекти.

Але чугайстир сам допоміг.

Підморгнув до Івана лукавим оком і обізвався:

— Може б, ти трошки пішов зо мною у танець?

— А чому б ні? — радо піднявся Іван. Докинув у ватру смеріччя, поглянув на постоли, обсмикнув сорочку на собі і став до танцю.

Чугайстир поклав волохаті руки на боки і вже хитався.

— Ну, починай!..

Що ж, як починати, то починати.

Іван тупнув на місці, виставив ногу, струснув усім тілом і поплив в легкім гуцульськім танці. Перед ним смішно вихилявся чугайстир. Він прижмурював очі, поцмокував ротом, трусив животом, а його ноги, оброслі, як у ведмедя, незграбно тупцяли на однім місці, згинались і розгинались, як грубі обіддя. Танець, видимо, його загрівав. Він вже підскакував вище, присідав нижче, додавав собі духу веселим бурчанням і оддувався, неначе ковальський міх. Піт краплями виступав круг очей, стікав струмочком од чола до рота, під пахвами й на животі блищало у нього, як у коняки, а чугайстир вже розійшовся.

— Гайдук раз! Ще такий! — кричав на Івана і бив п'ятами в землю.

— Ще кривий!.. Ще сліпий!..— піддавав жару Іван.— Го-го! Як танцювати, то танцювати.

— Най буде так! — плескав в долоні чугайстир, і присідав до землі, і крутився круг себе.

— Ха-ха-ха! — хльоскав себе по стегнах Іван.

Хіба він не годен вже танцювати?

Ватра розгорялась веселим вогнем і одділяла од танцюючих тіні, що корчились й бились на залитій світлом полянці, Чугайстир втомлявся. Щохвилини підносив до лоба руку, всю в брудних нігтях, обтираючи піт, і вже не скакав, а тільки дрібно трусив волохатим тілом на місці.

— Може, вже буде? — сапав чугайстир.

— Е, ні… ще трошки.

Іван і сам умлівав од утоми. Загрівся, був весь мокрий, ноги боліли у нього, а груди ледве ловили віддих.

— Я ще заграю до танцю,— бадьорив він чугайстра й сягнув по флояру за черес.— Ти ще такої не чув, небоже…

Він заграв пісню, що підслухав у щезника в лісі: "Є мої кози!.. Є мої кози!.."— і чугайстир, оживлений згуками пісні, знов вище підкидав п'яти, заплющив од вдоволення очі і наче забув про утому.

Тепер Марічка могла бути спокійна.

"Тікай, Марічко… не бійся, душко… твій ворог танцює",— співала флояра.

Шерсть прилипла до тіла чугайста, наче він тільки що виліз із води, слина стікала цівкою з рота, одкритого втіхою рухів, він весь блищав при вогні, а Іван піддавав йому духу веселою грою і, наче в нестямі, в знемозі і в забутті, бив в камінь поляни ногами, з яких облетіли вже постоли…

Нарешті чугайстир знемігся:

— Буде, не можу… Впав на траву і важко сапав, заплющивши очі.

Іван звалився на землю рядом з чугайстром. І так дихали разом.

Врешті чугайстир стиха хихикнув:

— Ну й вимахавсь нині я файно…

Пом'яв задоволено круглий живіт, покректав, розгладив на грудях волосся й почав прощатись.

— Дякувать красно за танець…

— Ідіть здорові.

— Май ся гаразд…

Розсунув сухі гіллячки смереки і впірнув в ліс.

Полянку знов обняли морок і тиша. Дотліваюча ватра кліпала в пітьмі одиноким червоним оком.

Але де була Марічка?

Іван мав ще багато їй розказати. Він чув потребу оповісти їй ціле своє життя, про свій тусок за нею, безрадісні дні, свою самотність серед ворогів, нещасливе подружжя… Але де вона була? Куди подалась? Може, наліво? Йому здалося, що він бачив її востаннє з лівого боку.

Іван подався наліво. Тут була гущина. Смереки так тісно збилися в купу, що трудно було пролазить між їх шершавими пнями. Сухі нижні гіллячки кололи йому лице. Але він йшов. Брів у густій пітьмі, спотикався і натикався безперестанку на стовбур. Часом йому здавалось, що хтось його кличе. Ставав, затаївши в грудях віддих, і прислухався. Але ліс наливала така глибока тиша, що шелестіння сухих гіллячок, об які терся плечем, здавалось йому голосним лускотом пня, що валився, стятий сокирою, в лісі. Іван йшов далі, простягнувши наперед руки, неначе сліпець, який ловить руками повітря зі страху наткнутись на перешкоду.

Раптом до його вуха долетіло тихеньке, ледве вловиме дихання:

— Іва!..

Голос ішов ззаду, десь з глибини, наче добувався крізь море смерекової глиці. Значить, Марічка була не тут.

Треба було вертатись назад. Іван поспішавсь, стукавсь коліньми в смереки, одводив руками гіллячки і жмурив очі, щоб не наколотись на хвою. Ніч наче чіплялась йому за ноги і не пускала, а він волік її за собою та розпихав грудьми. Блукав уже довго, а не знаходив полянки.

Тепер земля під його ногами почала спускатись в долину. Великі каміння перетинали йому дорогу. Він їх обходив, сковзаючись раз у раз на слизькім мху, спотикаючись на цупкому корінні, тримаючись за траву, щоб не зірватись.

І знову з провалля, з-під його ніг, дійшов до нього слабенький поклик, заглушений лісом:

— Іва-а!..

Він хотів одгукнутись на голос Марічки, але не смів, щоб не почув чугайстир.

Тепер вже знав, де має її шукати. Податись управо і спуститися вниз. Але тут було іще крутіше, і здавалося дивним, як могла злізти звідси Марічка. Дрібні каміння сипались під ногами в Івана, з глухим гарчанням спадаючи в чорну глибінь. Але він, зручний і звиклий до гір, умів спинитись на краю кручі і знов обережно шукав підпори для ніг. Дедалі ставало трудніше спускатись. Раз мало не впав, та вхопився за виступ скелі і повис на руках. Не знав, що там під ним, але чув холод і зловісне дихання безодні, яка одкривала на нього свою ненажерливу пащу.

— Іва-а! — стогнала Марічка десь з глибини, і був у голосі тому поклик кохання і муки.

— Іду, Марічко! — билась в Іванових грудях одповідь, лякаючись вилетіть звідти.

Він вже забув обережність. Скакав по камінняx, як дикий баран, ледве ловлячи віддих одкритим ротом, калічив руки і ноги, припадав грудьми до гострої скелі, тратив часами ґрунт під ногами і крізь гарячий туман бажання, в якому котився в долину, чув тільки, як його наглить дорогий голос:

— Іва-а!..

— Я тут! — крикнув Іван і почув раптом, що його тягне безодня.

Схопила за шию, перегнула назад. Хапав руками повітря, ловив ногою камінь, одірваний нею, і чув, що летить вниз, сповнений холодком та дивною пусткою в тілі. Чорна, важка гора розправила крила смерек і вмить, як птах, пурхнула над ним у небо, а гостра смертельна цікавість опекла мозок: об що стукнеться голова? Почув ще тріск кості, гострий до нестерпучості біль, що скорчив тіло,— і все розплилось в червонім вогні, в якому згоріло його життя...

Другої днини знайшли пастухи ледве живого Івана.

***

Сумно повістувала трембіта горам про смерть.

Бо смерть тут має свій голос, яким промовляє до самотніх кичер.

Били копитами коні по каменистих плаях, і постоли шуршали у пітьмі ночі, як з леговищ людських, загублених в горах, поспішали сусіди, на пізні вогні. Згинали перед тілом коліна, складали на груди мерцеві гроші — на перевіз душі, і мовчки засідали на лави.

Мішали сиве волосся з вогнем червоних хусток, здоровий рум'янець з жовтим воском зморщених лиць.

Смертельне світло сплітало сітку однакових тіней на мертвім і на живих обличчях. Драгліли вола багатих газдинь, тихо сяли старечі очі перед повагою смерті, мудрий спокій єднав життя і смерть, і грубі запрацьовані руки важко лежали у всіх на колінах.

Палагна поправляла полотно на мерцеві, а її пальці чули холод мертвого тіла, тоді як теплий солодкавий дух воску, що стікав по свічках, підіймав з грудей до горла жалість.

Трембіти плакали під вікном.

Жовте лице Івана спокійно лежало на полотні, замкнувши у собі щось тільки йому відоме, а праве око лукаво дивилось з-під піднятого трохи повіка на купку мідяних грошей на грудях, на стулені руки, в яких горіла свічка.

В головах тіла невидимо спочивала душа: вона ще не сміла вилетіть з хати. Палагна зверталась до неї, до тої самотньої душеньки мужа, що сиротливо тулилась до нерухомого тіла:

— Чому не заговориш до мене, чому не поглянеш, не позавиваєш мозолі на моїх пучках? А в котру онь доріжку вибираєшся, мужу, відки виглядати маю тебе? — голосила Палагна, і грубий голос її переривався в жалібних нотах.

— Файно голосить...— кивали головами старі сусідки і чули одвітні зітхання, що розпливались в шумі людських голосів.

— Ми разом пастушили в полонині... Раз якось пасли-сьмо вівці, та й звіяв студений вітер, гейби взимі... Така віхола крутить, що світку не видно, а він, небіжчик...— оповідав газда сусідам. А в сусідів уста ворушились од своїх згадок, бо годилось потішить засмучену душу, розлучену з тілом.

— Ти пішов, а мене саму полишив… З ким же я буду тепер газдувати, з ким буду худібчину доглядати?..— питала чоловікову душу Палагна.

В одчинені двері, просто з темної ночі, вступали у хату все нові гості.

Згинались перед тілом коліна, бряжчали мідяні гроші на грудях в Івана, і посувались на лавах люди, щоб дати місце новим.

Грубі свічі тихо топились, опливаючи воском, неначе сльозами, блідий поломінь лизав сперте повітря, і синій чад, змішавшись з нудним запахом воску та з випаром тіл, висів над глухим гомоном в хаті.

Ставало тісно. Обличчя схилялися до облич, тепле дихання мішалось з диханням, упрілі чола ловили у себе блиск смертельного світла, що запалило мінливі вогні на дротяних запасках, на чересах та табівках. А хата усе сповнялась новими гістьми, що вже товпились біля порога.

Тіло рушало. Біласті плями, як лишаї, повзли по ньому ледве помітною тінню.

— Мужу мій солоденький, на біду-сь мя лишив… — жалілась Палагна.— Не буде кому ні у місто піти, ні принести, ні дати, ні взяти, ні привезти…

А за вікном тужливо повістувала про се трембіта, додаючи їй жалю. Чи не багато вже суму мала бідна душа? Така думка, видимо, таїлась під вагою гнітучого смутку, бо од порога починався вже рух. Ще несміливо тупали ноги, пхалися лікті, гуркотів часом ослін, голоси рвались та мішались в глухому гомоні юрми. І ось раптом високий жіночий сміх гостро розтяв важкі покрови суму, і стриманий гомін, наче поломінь, бухнув з-під шапки чорного диму.

— Ей ти, носатий, купи у мене зайця! — басив зсередини молодий голос, і в одповідь йому покотився придушений сміх:

— Ха-ха! Носатий!..

— Не хочу.

Починалась забава.

Ті, що сиділи ближче до дверей, повернулись спиною до тіла, готові приєднатись до гри. Весела усмішка розтягнула їм лиця, перед хвилею скуплені в смутку, а заєць переходив все далі і далі, захоплював ширше і ширше коло і вже добирався аж до мерця.

— Ха-ха, горбатий!.. Ха-ха, кривий!..

Світло коливалось од сміху і чаділо димом.

Один за другим гості вставали з лавок та розходились по кутках, де було весело й тісно.

По обличчю мерця все розросталась плями, наче затаєні думки його ворушили, безперестанку міняючи вираз. В піднятому кутику вуст немов застрягло гірке міркування: що наше життя? Як блиск на небі, як черешневий цвіт… При сінешніх дверях вже цілувались.

— А на ким висиш?

— На Анничці чорнявій.

Анничка буцім не хотіла і упиралась, але десятки рук випихали її з тісної юрми, і гарячі уста піддавали охоти:

— Йди, дівонько, йди…

І Анничка обіймала за шию того, що висів, та смачно цілувала в уста при загальних радісних криках.

Про тіло забули. Тільки три баби лишились при нім та скорботно дивились скляними очима, як по жовтім застиглім обличчі лазила муха.

Молодиці липли до гри. З очима, в яких ще не встигло згаснуть смертельне світло і затертись образ мерця, вони охоче йшли цілуватись, байдужі до чоловіків, які так само обіймали та тулили чужих жінок.

Дзвінкі поцілунки лунали по хаті і сплітались з плачем сумної трембіти, що все ознайомляла далекі гори про смерть на самотній кичері.

Палагна не голосила більше. Вже було пізно і треба було прийняти гостей.

Веселість все розпалялась. Робилось душно, люди пріли у кептарах, дихали випаром поту, нудним чадом теплого воску та запахом трупа, що вже псувався. Всі говорили вголос, наче забули, чого вони тут, оповідали свої пригоди і реготались. Махали руками, гупали один одному в спину і моргали на челядь.

Ті, що не містились у хаті, розклали на подвір'ї вогонь і справляли коло нього веселі грища. В сінях згасили світло, дівки дико пищали, а парубки душились од сміху. Забава трясла стінами хати та била хвилями зойку в спокійне ложе мерця.

Жовтий вогонь свічок притьмився в густому повітрі.

Навіть старі приймали участь в забаві. Безжурний регіт трусив їх сивим волоссям, розтягував зморшки та одкривав згнилі пеньки зубів.

Вони помагали молодшим ловити челядь, наставивши руки, що вже тремтіли. Бряжчало намисто у молодиць на грудях, жіночий вереск роздирав вуха, гриміли ослони, зрушені з місця, і стукались в лаву, де лежав мрець.

— Ха-ха!.. Ха-ха!..— котилось од покуті до порога, і цілі ряди людей згинались од сміху удвоє, придушивши руками живіт. Серед писку і глоти нестерпуче коцкав десь "млин" дерев'яним клекотом згуків.

— Що маєш молоти? — завзято вигукував мельник.

— Маємо кукурудзу…— пхались до нього дівки, і сварились між собою жиди, приліпивши довгі бороди з клоччя.

Тугий скруцак з рушника, мокрий і замашний, гатив з лускотом в спини направо й наліво. Від нього тікали, серед реготу й крику, перекидаючи стрічних, збиваючи пил і псуючи повітря. Поміст дригтів у хаті під вагою молодих ніг, і скакало на лаві тіло, трясучи жовтим обличчям, на якому усе ще грала загадкова усмішка смерті.

На грудях тихо бряжчали мідяні гроші, скинуті добрими душами на перевіз.

Під вікнами сумно ридали трембіти.

Жовтень 1911, Чернігів

СЛОВНИК

Кичері — безлісній горі.

Гачі — штани.

Царинка — обгородженний сінокіс близько од села.

Гаджуги — смереки, рід наших ялинок.

Острива — суха смерека з галузками, на якій сушиться сіно.

Маржинка — худоба.

Недеях — диких верхах гір.

Гогози і Афини — лісові ягоди.

Ватра — вогнище.

Трембіта — довга на сажень сурма з деревини і кори.

Суточки — обгороджена гірська стежка.

Челядь — жінота.

Плови — негода, дощі.

Плай — гірська стежка.

Ворониння — огорожа з дерев'яних лат.

Обороги — повітка на сіно.

Стая — дерев'яний намет, в якому живуть вівчарі та роблять сир (будз, бриндзю).

Путини — дерев'яна посудина.

Бовгар — коров'ячий пастух.

Струнка — намет для доїння овець.

Козар — козячий пастух.

Подри — полиці під дахом.

Жентиця — сироватка.

Негора — туман.

Буришка — картопля.

Габа — хвиля.

Гоц — водопад.

Кашіца — дерев'яна обшивка берегів.

Бутинами побиті — на роботах у лісі.

Збирайте повну Колекцію Українських Класиків

Найпопулярніші твори:

Леся Українка
Лісова Пісня

Іван Нечуй-Левицький
Кайдашева Сім'я

Іван Франко
Украдене Щастя

Іван Франко
Борислав Сміється

Леся Українка
Бояриня

Леся Українка
Кассандра

Леся Українка
Камінний Господар

Леся Українка
Оргія

Кожен твір – це невід'ємна частина нашої літературної історії. Слідкуйте за оновленнями та поповнюйте бібліотеку шедеврами української літератури!

Made in United States
Troutdale, OR
10/18/2024

23882659R00043